本研究受到教育部人文社会科学研究青年基金项目"青年创业团队道德敏感性对绩效的影响机制研究：基于创业团队成长的视角"（项目批准号：15YJCZH027）资助，以及北京市社会科学基金项目"首都初创企业管理者道德意图的形成机制研究"（项目号：17GLB034）资助。

A Library of Academics by PHD Supervisors

博士生导师学术文库

# 青年创业团队道德敏感性的发展与绩效

——分析与对策

邓丽芳 等 著

中国书籍出版社

光明日报出版社

图书在版编目（CIP）数据

青年创业团队道德敏感性的发展与绩效：分析与对策/邓丽芳等著． - －北京：中国书籍出版社：光明日报出版社，2020.12

ISBN 978－7－5068－8207－1

Ⅰ.①青… Ⅱ.①邓… Ⅲ.①青年－创业－企业伦理－研究 Ⅳ.①F270－05

中国版本图书馆 CIP 数据核字（2020）第 250333 号

## 青年创业团队道德敏感性的发展与绩效：分析与对策

邓丽芳 等 著

| 责任编辑 | 毕 磊 |
| --- | --- |
| 责任印制 | 孙马飞 马 芝 |
| 封面设计 | 中联华文 |
| 出版发行 | 中国书籍出版社 光明日报出版社 |
| 地 址 | 北京市丰台区三路居路 97 号（邮编：100073） |
| 电 话 | （010）52257143（总编室） （010）52257140（发行部） |
| 电子邮箱 | eo@ chinabp. com. cn |
| 经 销 | 全国新华书店 |
| 印 刷 | 三河市华东印刷有限公司 |
| 开 本 | 710 毫米 ×1000 毫米 1/16 |
| 字 数 | 229 千字 |
| 印 张 | 14.5 |
| 版 次 | 2020 年 12 月第 1 版 2020 年 12 月第 1 次印刷 |
| 书 号 | ISBN 978－7－5068－8207－1 |
| 定 价 | 89.00 元 |

版权所有 翻印必究

# 序　言

青年创业团队的道德建设，对于减少青年创业过程中的道德失范行为，促进青年创业团队的健康发展，以及创业企业的经济目标和道德目标之间的相互支撑，有着重要意义。

本书的主要内容为教育部人文社会科学研究青年基金项目"青年创业团队道德敏感性对绩效的影响机制研究：基于创业团队成长的视角"（项目批准号：15YJCZH027）的研究成果。在对青年创业团队进行追踪实证研究的基础上，对初创期、成长期、成熟期三个不同创业阶段的青年创业团队道德敏感性对绩效的影响机制以及延时影响效应进行了分析，并通过质性分析和借鉴国内外企业的道德建设经验，对青年创业团队的道德敏感性建设提出了对策建议。

本书基于青年创业团队成长的视角，对青年创业团队道德敏感性的特征、青年创业团队道德敏感性对团队绩效的影响机制，以及该影响在不同创业阶段的变化进行了分析和介绍，以期能为我国青年创业团队的道德建设和团队管理提供一些理论参考。书稿完成之际，近四年的数据收集和书稿撰写过程中的艰辛仍历历在目，本书中的研究内容均由我和课题组的研究生们共同完成。感谢北京航空航天大学研究生高天艾、张小竹、龙扬扬、叶淑云、傅星雅、尹森在研究数据收集与分析、文献整理过程中的辛勤付出！感谢在后期案例和资料查找，文献整理与校对过程中孙馨林、谷雨、毛海佳、李凯、许金文同学给予的支持和帮助！

  由于编写水平所限和时间紧迫，书中定有诸多疏漏之处，恳请各方专家和广大读者批评指正。

邓丽芳<br/>2020 年 6 月

# 目 录
CONTENTS

## 第一章 绪 论 ………………………………………… 1
### 第一节 研究背景与意义 1
一、研究背景 1
二、研究意义 3
### 第二节 研究思路与逻辑框架 4
一、研究思路 4
二、本书结构框架 5

## 第二章 文献综述 ……………………………………… 7
### 第一节 青年创业团队 7
一、创业及创业团队 7
二、青年创业团队及发展阶段 9
### 第二节 道德敏感性 10
一、道德敏感性的理论依据 10
二、道德敏感性的概念解析 11
三、道德敏感性的影响因素 12
四、道德敏感性的测量 14
### 第三节 团队绩效 17
一、团队绩效的概念 17
二、绩效的分类 19

1

第四节　道德敏感性对企业绩效的影响　20
　　一、道德敏感性和企业绩效的关系　20
　　二、道德敏感性与绩效间的中介变量　22
　　三、道德敏感性与绩效间的调节变量　25
第五节　道德敏感性对绩效影响的核心理论　30
　　一、道德决策四阶段理论　30
　　二、高阶理论　31
　　三、群体决策理论　32
　　四、群体动力理论　32
　　五、理性行为理论　33
　　六、社会直觉理论　33
　　七、道德人格的社会认知理论　34

## 第三章　研究模型与研究设计 …………………………… 36

第一节　研究模型与主要假设　36
　　一、创业导向、道德氛围和道德压力的中介作用模型及其动态追踪　36
　　二、道德直觉、道德人格的调节作用模型及其动态追踪　37
　　三、道德传染、社会期许效应的调节作用模型及其动态追踪　38
第二节　研究设计　39
　　一、研究总体设计　39
　　二、研究变量的测量　40
　　三、数据收集与研究样本　55
　　四、数据分析方法　60

## 第四章　不同时期道德敏感性对创业团队绩效的影响机制 ………… 62

第一节　不同时期道德敏感性对团队绩效的直接影响　62
　　一、各研究变量的描述性统计分析　62

二、初创期青年创业团队道德敏感性对团队绩效影响的分析  68

三、成长期青年创业团队道德敏感性对团队绩效影响的分析  72

四、成熟期青年创业团队道德敏感性对团队绩效影响的分析  77

五、青年创业团队道德敏感性对团队绩效的纵向影响  81

第二节  不同时期道德敏感性对团队绩效的间接影响  85

一、不同时期创业导向、道德氛围、道德压力的中介作用  85

二、不同时期道德直觉、道德人格的调节作用  98

三、不同时期道德传染效应、社会期许效应的调节作用  104

四、道德敏感性通过中介和调节变量对团队绩效的延时影响  112

第三节  量化研究结果的讨论  114

一、道德敏感性对团队绩效的影响及纵向作用  114

二、中介变量的作用及纵向影响  116

三、调节变量的作用及纵向影响  117

第四节  青年创业团队道德敏感性的发展及其与绩效关系的
质性研究结果  119

一、文献分析结果  119

二、案例分析结果  121

三、访谈分析结果  138

四、质性研究结果讨论与小结  163

# 第五章 青年创业团队道德敏感性缺乏的现状分析 …… 169

第一节  青年创业团队道德敏感性缺乏的表现  169

一、诚信的缺乏  170

二、正义的缺乏  171

三、责任的缺乏  173

第二节  青年创业团队道德敏感性缺乏的原因  174

一、创业者个体的特质  175

二、创业组织的特点  176

三、外部环境的特点　179

四、创业过程的特点　182

# 第六章　推动青年创业团队道德敏感性建设的具体策略 …………… 184

## 第一节　国外企业道德建设的启示　184

一、国外学者对企业道德建设的相关研究　184

二、国外企业道德建设对我国的启示　186

## 第二节　青年创业团队在自身道德敏感性建设中的具体策略　187

一、基于质性研究的青年创业团队道德建设启示　187

二、青年创业团队在自身道德敏感性建设中的具体策略　191

## 第三节　学校在道德敏感性建设中的具体策略　197

一、对学生道德的规范和引导　197

二、增加情境体验教育　199

## 第四节　社会在道德敏感性建设中的具体策略　199

一、利用媒体与公众社会舆论　199

二、发挥非政府组织的监督作用　201

## 第五节　政府在道德敏感性建设中的具体策略　202

一、建立道德建设管理体系　202

二、加大对企业道德的监督管理　202

# 主要参考文献　………………………………………………………… 204

# 第一章

# 绪　论

## 第一节　研究背景与意义

### 一、研究背景

近年来，有关企业道德失范、道德冷漠事件屡有报道。诸多企业道德问题日渐突现，企业道德优势与可持续竞争优势的关系也随之成为企业界和学术界共同关注的问题（齐善鸿，曹振杰，2009；万国玲，2014）。在企业环境下，道德敏感性发挥着重要的作用。道德敏感性越强则员工在做出道德失范行为时受到更多的阻力（谢光华，王贤，2013）。员工道德失范行为造成危害的案例不胜枚举，不仅侵蚀企业文化、损害企业形象，还会严重影响企业绩效，危及现代企业的可持续发展（葛云月，2014）。而道德敏感性作为道德行为产生过程中逻辑上的初始心理成分，与道德判断、道德行为有密切的关系（郑信军，岑国桢，2009），近年来继道德判断之后逐渐成为研究者们关注的重点。

对于新创企业来说，面临着诸多风险性和不确定性，创业者的道德敏感性不足不仅会影响创业企业的有效决策和持续发展，还可能让新创企业陷入道德危机。由于在创业阶段未形成较为稳定的商业模式、运营机制以及操作规程等，一些道德敏感性低下的创业团队容易忽视创业过程中的道德风险，在缺乏成熟的规章制度和约束监管机制下，常常为了一时利益而做出隐瞒客户、欺骗同事、谋取私利等不道德甚至违法乱纪的行为，最终导致了创业失败。而时刻注重道德，以德为本的创业者，则更有可能获得成功。例如，"全国道德模范"杨怀保凭借其至高的道德信仰和社会责任感，创办的创业孵化基地仅仅半年时间就入驻孵化了八个创业团队，且经营状况已逐渐稳定。但若忽视道德的重要性，即便是已经稳定的企业，也可能一夜倒闭，曾经的全球最大天然气交易商美国安然公司便是如此。

本书中"青年创业团队"是指两个或两个以上的个人参与创建一个事业并有相应的财务利益，这些人出现在企业启动前阶段，并且为45岁以下的青年人。青年创业团队不仅具有新创企业的诸多共性，还具有一些自身的特点。首先，相比于其他创业团队，青年创业团队的职业经历以及商业运营经验更少，其社会资源也更为缺乏（李耀珠，2007）；其次，青年创业团队成员面临更多的生活压力，对经济利益的追求动机更强（周亚越，俞海山，2005）；此外，一些青年创业团队成员的自身道德观念具有缺陷，个人主义倾向严重，缺乏责任感（徐子连，2013），这些特点使得青年在创业过程中可能更加关注经济回报，而忽视道德风险，从而面临更大的创业风险。例如2006年，上海市质监部门捣毁了一家假冒复印机墨粉生产厂，其创始人却是名牌大学材料专业毕业的博士。在复印粉的生产技术方面他曾两次获得国家级科技成果奖，却最终因为利欲熏心，导致创业失败，甚至受到法律制裁。在竞争急剧加深的环境下，青年创业团队要想获得竞争优势，除了加强创新、科研投资等硬实力以外，更需具备道德、文化等软实力来储备、提升其可持续竞争力。

因此，加强青年创业团队的道德建设，对增强其企业软实力和竞争优势，实现创业企业的经济目标和道德目标之间的相互支撑，有着重要意义。只有了解道德敏感性对青年创业团队绩效的影响途径和方式，才能因势利导地通过提升青年创业团队道德敏感性来刺激绩效增长。

综上，本书拟深入分析我国文化背景下青年创业团队道德敏感性的成分与发展过程，并基于青年创业团队成长的视角，探明不同创业阶段道德敏感性对绩效的动态影响机制，以及提出提升青年创业团队道德敏感性的建设对策。

## 二、研究意义

### （一）理论意义

1. 对于道德敏感性，尽管已经有了较为丰富的研究，但具体针对创业团队的相关研究还刚起步。结合心理学、管理学的理论背景，在多学科交叉研究的推动下建立本土化青年创业团队道德敏感性的理论结构和发展理论，丰富了创业企业道德研究的内容，也促进了创业活动科学规律的提炼。

2. 探明道德敏感性对绩效的影响机制，有助于揭示青年创业团队道德敏感性对团队绩效影响的内在规律，推动青年创业团队绩效影响机制的深入理论探讨，引发创业研究者对伦理道德的关注。

3. 丰富了青年创业团队的阶段演化理论。基于青年创业团队成长的视角对各道德变量及其关系变化的分析，从阶段比较中找差异，从差异中挖掘共性规律，有利于了解青年创业团队在不同阶段的发展演变，以及道德要素与创业活动间的动态变化规律，为青年创业团队发展的纵向研究提供理论借鉴。

### （二）现实意义

1. 促进青年创业企业形成健康的企业发展氛围。探讨不同创业阶段青年创业团队道德敏感性及其对团队绩效影响的发展变化，可为青年创业团队的道德建设提供科学依据。企业的道德资本也是一种生产要素，具有一定生产力。本书将会加强青年创业企业对道德的关注，对促进创业企业形成积极健康的企业氛围有重要指导意义。

2. 有利于提高青年创业团队绩效和可持续竞争优势。探明道德敏感性对绩效影响的动态变化过程，以及结合中国企业生存发展的特殊性，通过质性研究提供模型解释与原因分析，将为青年创业团队在不同阶段的道德发展提供有效参考，有助于其在不同阶段正确把握自身道德状态、利用影响机制提高其创业绩效和可持续竞争优势。

3. 有助于中国企业可持续发展的企业文化和道德经营观的建设。本书的相关结果可促进经济理论界和实务界对创业企业道德治理的进一步关注，减少创业企业道德失范行为，引导创业企业实现经济目标和道德目标之间的相互支撑，建设有助于中国企业可持续发展的企业文化和道德经营观。

## 第二节　研究思路与逻辑框架

### 一、研究思路

（一）形成本土化的青年创业团队道德敏感性理论结构，并发展出相关测量工具，为青年创业团队了解自身道德敏感性特征和道德建设提供科学依据。

首先，拟结合我国本土文化下创业活动的特殊性，采用质性研究方法自下而上地探明青年创业团队道德敏感性的具体成分，在此基础上编制本土化的创业团队道德敏感性问卷，收集数据完善信、效度，并通过验证性因素分析来验证前期所得理论结构。

（二）建立青年创业团队道德敏感性对绩效的动态影响机制模型，明晰该模型中的中介、调节关系及其在不同阶段的变化，并形成模型的微观描述与解释系统，为青年创业团队在各个阶段如何合理利用道德敏感性和其他变量的影响来提升绩效提供参考。

采用定量与定性方法相结合的方式，探索模型在青年创业团队三个阶段（初创期、成长期、成熟期）的动态演化模式及特征描述。在定量研究中，将使用结构方程模型方法来建构模型，定性研究则针对定量追踪研究结果，选取青年创业团队成员进行访谈，对访谈结果进行分析整理，对青年创业团队道德敏感性对绩效的影响机制模型，进行微观描述与解释分析。

（三）在前期研究的基础上，进一步对国内外创业企业的道德建设进行案例分析，提出提升青年创业团队道德敏感性的建设对策。

## 二、本书结构框架

基于以上研究思路，本书的结构框架分为三部分，第一部分总结和归纳国内外青年创业团队道德敏感性以及对绩效影响的相关研究，并提出研究理论模型和相关假设；第二部分具体阐述不同创业阶段青年创业团队道德敏感性对绩效的影响及其变化的具体研究过程、结果分析；第三部分提出青年创业团队道德敏感性建设的对策。

第一章：总体概述了"青年创业团队道德敏感性的发展与绩效：分析与对策"的研究背景、研究意义、研究思路和本书的总体结构说明。

第二章：归纳总结了国内外研究中对于本研究中的主要概念、相关理论和以往文献的相关论述，对研究中各变量间可能存在的逻辑关系进行了论述。

第三章：介绍本研究拟要进行实证分析的理论模型及其各个变量间的关系、模型假设，以及研究设计方案等。

第四章：结合实证研究结果阐述了在创业不同阶段的道德敏感性及其对创业团队绩效的影响机制，并且具体分析了中介变量、调节变量的作用机制及其变化，以及结合质性研究对不同阶段创业团队道德敏感性的变化和发展、道德敏感性在不同阶段对绩效的影响、创业团队的道德建设等进行了微观分析。

第五章：分别从创业团队内部、对消费者、对社会公众不同视角阐述了青年创业团队的道德敏感性缺乏的表现；并对可能存在的原因进行了分析。

第六章：对创业企业道德敏感性建设的启示进行了归纳，从青年创业团队自身、学校、政府和社会四个方面，提出推动青年创业团队道德敏感性建设的对策。

# 第二章

# 文献综述

## 第一节 青年创业团队

### 一、创业及创业团队

Knight（1921）最早提出了"创业"一词，表示一种对未来的预测能力。Ronstadt（1984）认为创业的过程会产生财产的不断增值，创业中的产品和服务本并不一定被要求是新研发的或与众不同的，但是必须由创业者在其中注入必要的资源，进而创造出价值。Drucker（1985）认为，只有能够创造出一些与以往不同的东西，且能够创造价值的行为活动才是创业。

总结以往研究，创业就是一个动态的过程，它具有以下特点：首先，创业意味着大量必要的时间和努力投入。创业是一个不断探索的过程，创业者需要去了解所属行业内部的环境和运作规律，除此之外，还包含基本硬件设施的构建、企业形象和品牌的树立、社会网络的构建。其次，创业需要承担较大的风险。创业者在创业过程中，从开始筹备创业到正式运营每个阶段都会面临着风险，有些风险可控有些不可控。最后，创业是追求利润的一个过程。无论在创业活动开始时创业者是源于什么样的初衷，当企业获得利润的时候，才能够继续规范的运营。

创业需要各种各样的资源和机会，同时也会面临着多样的问题和困难，单靠个人很难比较顺利开展。Cooper（1990）对美国的高新技术企业进行调查研究发现，其中有70%的比例都是采取了团队创业的方式。胡望斌和张玉利（2011）对我国八所城市的创业企业进行调研，结果发现在创业时采取团队创业形式的企业比例达到53%。Lechler（2001）研究发现，以团队形式创立的企业创业成功的概率和企业所获得的效益都优于个人企业。Ensley（2002）等人研究表明，团队创业产生的绩效要高于个体创业产生的绩效。

创业团队有着不同的界定，整体来看，可以按照所有权、人员构成和参与时间等不同角度进行定义。Kamm（1990）等提出创业团队是由两个及更多的人构成，他们通过设想和实践来共同创业企业并投资相同的份额。Chandler等（1998）强调企业创建以后初期运营的重要性，他认为团队成员还应该包括在企业运营前两年加入并为企业发展贡献力量的人员。国内学者黄海燕（2008）把创业团队定义为，在企业创立前期或者创立初期阶段的具有相同目标、并能够共同承担风险与责任的异质性群体。Kraus（2009）总结以往的研究，将创业团队界定为：创业团队由两个或者更多的人组成，这些人有着共同的兴趣和财务利益，并且共同对创业的未来和成功做出承诺。在追求创业成功的共同目标中，他们的工作是相互依赖的，他们在企业创立的早期对企业的运行起到执行、掌控的作用，并且他们被他们自己和他人共同认为是一个独立的社会实体。陈晓暾、熊娟和武盼飞（2017）认为，创业团队应该包含环境支持力、创新创业能力、责任意识和风险意识四个特征。

综合以往文献，本书中的创业团队指的是为基于共同的目标、参与创业企业的初期创立或新企业管理的具有战略选择权和所有权的个体组成的团队。

## 二、青年创业团队及发展阶段

有关青年的年龄分段界定一直在变化,采用世界卫生组织于2017年确定的新的青年年龄分段,即15-44周岁。但结合本书研究的对象群体为创业人群,需要具备相应的民事行为能力,因此本研究中"青年创业团队"是指两个或两个以上的个人参与创建一个事业并有相应的财务利益,这些人出现在企业启动前阶段,并且为18-44岁的青年人。

创业团队在创业过程中,通常会经历三个不同的阶段,即初创期、成长期、成熟期。不同阶段的新创企业都有各自的特点和目标导向(Robert,1988;郭蓉等,2011)。初创期的创业团队处于摸索和积累的过程,较为关注政府政策和社会规范;成长期的创业团队继而转向关注如何满足资金需求、扩大获利机会;而成熟期的企业形成了相对可行的盈利模式和管理规程,关注和思考的更多是如何实现企业的可持续发展态势。Wu和Joardar(2012)认为在不同创业阶段,创业者们表现出的道德行为有显著差异,在中国尤其如此。这种差异可能源于不同阶段创业团队所面临的外部要求和内在追求的不同。

初创期创业团队处于资源积累和模式摸索的过程中。这一阶段的企业为了快速吸引客户和创收,在运营和营销环节可能会出现内容低俗、弄虚作假等不道德行为,而在生产时可能会为降低成本而生产假冒伪劣产品,甚至为了快速创收不发展实业,通过大量贷款和转贷赚取差价等泡沫经济行为(方荡,2012)。创业初期的另一大道德风险是员工是否愿意继续留在团队效力,这不仅关系到团队能否保留人才,还关系到前期的人才培养成本是否被浪费,公司核心技术会否被转移等等。在初创期,团队的人员、资金、价值观等各方面较为混乱,大多对于企业文化和道德建设处于探索性阶段,相比构建自己完备的道德体系,企业较为关注政府政策和社会规范(伍文生,2014)。

成长期的创业团队由于摸索出主要的运营模式,继而转向关注如何满足资金需求、如何扩大获利机会。此时的团队为了吸引和留住人才,可能发展出具感染力企业文化,这有利于带动团队提高整体道德敏感性,并降低企业机密泄露、人才流失等道德风险(张亮,吴维库,2016)。有些团队也可能衍生出经济人思想的企业文化,弱化了企业的伦理价值和社会角色(齐鹏,2015)。同时,由于企业的不断成长,与消费者、合作者、其他企业乃至社会的直接对话增多,创业企业为了迅速发展,可能会出现泄漏消费者信息、分销矛盾、故意合同纠纷、价格竞争等行为;Watts 等人(2017)指出,员工是否会举报这些亲组织非道德行为,与其道德敏感性和道德勇气密切相关。总之,成长期的团队受企业模式影响在道德敏感性和行为上会呈现不同方向。

成熟期的企业社会化增强,逐渐形成了一套切实可行的盈利模式和管理规程,此时关注和思考的是如何实现企业的可持续发展态势(郭蓉 & 余宇新,2011)。这一阶段的团队会对过去的经验进行总结,形成系统化的企业核心文化和道德风向。企业开始意识到承担社会责任对长远经济利益的重要性,为员工、消费者、社会、环境等多方着想。但这一阶段的企业也可能面临雇佣职业经理人、大而不倒等各种问题(孙丽姗,2012)。

## 第二节 道德敏感性

### 一、道德敏感性的理论依据

在道德研究的发展过程中,常见的道德结构的划分有三种,分别为二成分、三成分和四成分模型(安冬,2015)。二分法认为个体的心理发展应该分为认知和行为两个方面。在心理结构的划分基础上确定了个体的品德发展结构。个体的品德结构被看成是道德认知和道德行为的结合体。三分法认为知、情、行是个体心理结构的三要素。认为道德认知、道德情感和道德行为是个体道德发展结构的三种基本构成成分，其中道德行为包含道德意志的成分（林崇德，1990）。道德认知是在道德规则及其知、情、行的认识基础上，准确掌握道德概念、发展个体道德判断能力并且形成道德信念。道德情感是在道德认识和行为过程中的一种内在感受。道德行为是在道德认识的基础上做出的符合道德要求的行为。

道德行为四成分模型是 Rest（1986）提出的，四成分模型否定了各种道德发展理论用单一的变量或心理成分来表示的做法，将认知、情感、意志、行为综合在一起，认为决定道德行为的四种心理成分为：道德敏感性（moral sensitivity）、道德判断（moral judgement）、道德动机（moral motivation）和道德品性（moral character）。每一种成分都包含着认知与情绪的复杂的交互作用，为研究提供了一个全新的框架。

自20世纪90年代以来，研究者们在道德领域大都遵循四成分模型的研究框架，认为四种心理成分都会影响道德行为的实施。

## 二、道德敏感性的概念解析

在 Rest 提出的四成分模型中，他将道德敏感性归为情绪对认知的激活。在后续的研究中，一些学者同样对道德敏感性这一概念进行了界定。整体来看，其定义可以归纳为三种类别。第一类认为道德敏感性包含认知和情感两个方面，以 Rest（1986）为代表，研究者认为情感和道德认知不可分割，道德敏感性是道德行为发生的初始成分，包含了道德主体对他人和社会的感知。第二类把道德敏感性中的情感因素排除，研究者们更加在意对道德问题的认知，他们把道德敏感性定义为在情境中对于道德问题的识别能力。Shaub（1993）等人用分级的方式来评估被试对道德问题的理解程度，Clarkeburn（2002）在对科学中的道德敏感性进行探究时，也同样采用了该评估方式。第三类结合了对道德问题的识别和对这些道德问题的重要程度评估两个方面来定义道德敏感性。Vitell（1993）

等人认为，只有当个体足够重视情境中的道德问题，这些问题才可以在决策过程中被觉察和处理，否则个体更可能因为自己有限的认知资源过滤它们。

总的来说，道德敏感性是指对道德环境线索的领悟和理解的能力，也就是对环境中道德内容的察觉以及对行为事件将如何影响他人的因果链的理解，包括对自己的知觉和情绪反应从道德角度进行深刻的理解（Robin，1996）。以往的研究重在探索道德敏感性的含义和内在发生过程。在国外，近年来道德敏感性在企业研究领域也逐渐被关注，但企业领域对道德敏感成分的探索多关注其所涉及的范围，并未明晰道德敏感的具体成分。例如 Hadjicharalambous 和 Walsh（2012）认为道德敏感涉及五个方面，一是公司资源利用和个人所得；二是和同事的关系；三是个人工作绩效；四是公司政策；五是利用礼物获得或提供优惠待遇。Daniels 等（2011）则采用四个二分变量即关注道德，关注商业，员工或客户，以及改变的动机来表示道德敏感。

## 三、道德敏感性的影响因素

### （一）道德强度

道德强度（moral intensity）这一概念由 Jones（1991）提出，是指在特定情境中体现出的某些问题特征能够使得人们进行道德识别和道德决策的程度。道德强度关注的不是决策主体的个人特征和组织内部的环境特征，道德强度关注的是道德问题本身特有的问题特征。Jones 认为，道德强度主要包含结果大小、社会共识、效果可能性、时间即刻性、亲密性和效应集中性六个维度（刘文娟等，2015）。①结果大小（magnitude of consequence），即不道德行为导致负面结果的程度；②社会共识（social consensus），即社会对于行为的是否道德的共识程度；③效应可能性（probability of effect），即不符合道德规范产生伤害的可能性；④时间即刻性（temporal immediacy），即不道德行为产生伤害的时间，是立刻产生还是一段时间后才产生；⑤亲近性（proximity），即不道德行为的受害者与行为者的关系是否亲近，包含社会、文化、心理或地理等方面的亲近性；⑥效应集中性（concentration of effect），指不道德行为导致结果的聚集程度，即在损害结果严重程度既定的情况下，受害者是一个人还是很多人。研究发现，采用实验的方法对道德强度进行控制，即客观道德强度的各个成分对于道德决策没有产生稳定的效应，而个体对于道德强度的主观认识，即主观道德评价对于道德决策具有更强的解释力，主观道德强度对道德敏感性具有更高的预测作用（任强 & 郑信军，2015；李晓明等，2008；sara，1995）。

（二）道德情境

在以往的研究中，道德情境并没有具体的定义。一般来说，道德情境指道德事件发生的特殊环境与背景。道德敏感性和道德情境的不确定程度有关。Bredemeier 和 Shields（1994）等的研究发现，当个体所处的道德情境不确定性越大，个体的道德敏感性水平就越低。Wesley（2000）以咨询督导师为被试的研究也证明了这一点，被试在面对低模糊情境时（咨询师泄露来访者的秘密）的道德敏感性要远高于面对高模糊情境时（咨询师和来访者具有双重关系）的道德敏感性。

（三）角色卷入

角色卷入指个体带入道德事件的身份立场。Schmitt（2005）等针对公正问题提出了道德敏感性的观点效应，他们认为不公正的事件常常意味着个体有三种不同角色的卷入，即受害者、犯过者和旁观者，卷入者角色不同，对事件的判断有着不同的观点和看法。把一个事件理解为道德事件还是非道德事件，对不道德行为是否予以宽容，在很大程度取决于个体在该事件中的角色身份。

（四）社会文化与价值观

社会文化与价值观也会影响道德敏感性。Hofstede（1980）的研究表明，西方人和崇尚男子气文化的个体会对涉及公正道德的特定情境更加敏感，而东方人和崇尚女子气文化的个体会对在关爱和宽恕等道德主题的特定情境更加敏感。Simga – Mugan（2005）在研究中有意识地选择了代表个人主义价值取向和集体主义价值取向的国家，以考察其组织成员的道德敏感性，结果发现了代表不同价值观的国别变量的主效应及其和性别的交互作用。

### 四、道德敏感性的测量

对于道德敏感性的测量，以往研究者运用了问卷、测验、访谈、实验等不同的方式，其中受关注比较多的有如下几方面。

（一）道德敏感性量表

Volker（1983）完善了 Rest 等人的测验方式，编制了适用于心理咨询领域的道德敏感性测验（Moral Sensitivity Scale，MSS）。该测验包含了四种心理咨询场景中咨询师和来访者的交流情境，在交流过程中暗含着对于来访者的潜在负面影响，这些问题均属于道德问题。交流情境被录制成音频让被试听，并通过研究者的引导让被试对一些探测性问题做出反应，并对结果进行编码与分析。结果发现，不同性别心理咨询人员的道德敏感性没有显著差异。

在商业管理领域，Hadjicharalambous 和 Walsh（2012）编制了道德敏感量表（Ethical Sensitivity Scale，ESS），量表采用 30 个和道德决策情境相关的条目。这些道德两难的情境包括五个方面，一是公司资源利用和个人所得；二是和同事的关系；三是个人工作绩效；四是公司政策；五是利用礼物获得或提供优惠待遇。量表的条目来自 Stevens，Harris 和 Williamson（1993）的研究。量表采用五级评分，1 代表非常不道德，5 代表非常道德，因此在 30 个条目上的得分总和越低代表道德敏感越高。

## （二）牙医道德敏感性测验（Dental Ethical Sensitivity Test, DEST）

该测验是医学领域关于道德敏感的测验（Bebeau，1985），主要包含四个可能会发生在牙科门诊中的戏剧性的对话。被试首先被要求听对话，然后参与对话并假定自己正承担着现实中的牙科医生的角色。接着被试接受一个涉及潜藏在他们的反应中的观点的访谈。这些访谈被录音、编码并在7个敏感性指标上做3点刻度的记分，作为测验牙科医生责任的敏感性的程度（Clarkeburn，2002；郑信军，2007）。目的是测试牙医专业的在校实习生理解和辨析道德问题的能力。在该测验中，主要从对情境的理解和解释、被试对行为后果的觉察程度和被试做出有关对他人想法和理解的推论程度三个方面来对被试进行道德敏感性探测。研究结果表明，牙医专业的学生年级越高，道德敏感性越高，说明职业知识的学习会影响从业人员的道德敏感性。但是该方法施测程序较为复杂，并不适用于大样本施测。

## （三）种族道德敏感性测试（Racial Ethical Sensitivity Test, REST）

种族道德敏感性量表是用来评估个体识别隐含在各种职业道德准则和媒体报道中，且与种族偏见相关的道德问题的能力。被试先观看录制好的影视片段，其中包含了预先设定的道德问题，观看结束后，被要求观看录影片段，然后回答一系列的问题。每个情境中都包含了5－9个预先确定的道德问题，研究者据此评估了访谈被试的道德问题识别和他们分析的问题的复杂性。结果表明，个体对于不同种族是否平等的观点不同，其道德敏感性水平也不同，有着多元文化观念的个体更加具有种族敏感性（Brabeak，2000；张娜，2015）。

## （四）学术欺骗行为的道德敏感性

Elsie（1996）等人通过问卷的形式测量了学生对学术欺骗行为的道

德敏感性。该问卷有 23 个问题，包含了测试、小组作业和书面作业等相关内容，都是学生们熟悉的不道德行为，均与学术欺骗行为有关。学生对学术欺骗行为越是宽容或是不介意，表明其道德敏感性越低，同时越可能参与了不道德的行为。

（五）会计道德敏感性量表（Accountant Ethical Sensitivity Scale，AESS）

Triki（2012）在行为锚定等级评价法的基础上，开发了会计道德敏感性量表。该量表适用于会计工作环境，在各个维度的问题设计上，都包含了不道德的行为、明显道德的行为及模棱两可的行为。问卷共计 18 题，7 点计分，包含了使用公司资源、欺诈、受贿、独立性、道德地与同事相处、行贿等六个维度。

国内研究者也针对不同群体编制了道德敏感性的测量工具。整体来看有两种测量方式，一种是以故事或者情境为素材的无结构性方法，一般分为访谈评定法和书面评定法，第二种是以被试的自我评价为特征的结构性方法，以问卷为主。

表 2-1　国内道德敏感性问卷

| 量表 | 编制日期 | 编制者 |
| --- | --- | --- |
| 倾向性道德敏感性问卷 | 2018 | 郑信军 |
| 新闻职业的道德敏感性问卷 | 2009 | 曲学丽 |
| 公务员道德敏感性问卷 | 2009 | 李琳琳 |
| 教学伦理敏感性测量 | 2010 | 任强 |
| 大学生道德敏感性问卷 | 2011 | 肖婕敏 |
| 中学生的道德敏感性问卷 | 2011 | 杜飞月 |
| 保险营销员的道德决策问卷 | 2015 | 张娜 |
| 医学生的道德人格问卷 | 2017 | 朱琳、沐林林和许华山 |

续表

| 量表 | 编制日期 | 编制者 |
| --- | --- | --- |
| 创业团队的道德敏感性问卷 | 2017 | 龙杨杨 邓丽芳 |
| 工程伦理中的道德敏感性评价问卷 | 2018 | 张恒力、许沐轩和王昊 |
| 人力资源管理者道德敏感性 | 2018 | 吴嘉惠 |

## 第三节　团队绩效

### 一、团队绩效的概念

很久以来，在对绩效的理解上，研究者们只关注任务绩效情况，直到 Katz 与 Kahn 二人提出的绩效模型把绩效分为三种行为：①加入组织并留在组织中；②与团队的其他成员相互协助；③对组织的自发行为。Campbell 等人于 1990 年提出的绩效模型将绩效分为三个部分：①陈述性知识；②程序性知识与技能；③动机。Borman 提出将工作绩效分为任务绩效和关系绩效两个维度（Borman，1993）。

绩效包括个人绩效和组织绩效两方面。本研究的主体为团队，团队绩效又是组织绩效中一个具体的方面，因此着重分析总结团队绩效这一概念。对众多文献分析发现，虽然不同学者由于研究目的的不同，对于团队绩效有不同的定义，但这些定义存在很多共同点。狭义上的团队绩效只包括团队完成既定目标或任务的程度，而广义上的团队绩效还包括很多其他因素，如团队成员满意度、团队任务过程对个体成员的影响等。Guzzo 和 Shea 的理论被广泛使用，有很多关于团队绩效的研究都是在 Guzzo 和 Shea 提出的"投入—过程—产出"模型上展开的，其中"投入"包括成员的知识与能力、团队的组成及薪酬系统、信息系统、目标因素等,"过程"包括团队成员间的互助、社会支撑、信息共享等,"产出"包括团队产品、成员满意度及团队成长等。根据 Guzzo 二人的理论,团队绩效涉及三个维度:团队实现组织目标的能力、团队成员对于团队的满意程度以及团队工作的能力(Guzzo, Shea, 1992;姜小暖, 2011)。

从团队绩效的定义中可以发现,团队绩效的一个重要基础是团队成员之间的有效合作及团队目标的完成情况。在上述理论的基础上,学者们基本上达成统一共识,绩效是一个多维度的概念,需要通过多方面的指标综合考察。研究者们根据不同的科研目标,在绩效衡量指标的选取上做出了不同的界定。Borman 和 Motowidle 提出,测量团队绩效的指标可以分为任务绩效和周边绩效两方面,其中任务绩效主要包括团队成员在完成任务过程中的熟练程度有关;周边绩效指的是工作以外的绩效,主要包括组织支持、团队成员的心理健康以及达成组织目标过程中所表现出的熟练程度。

Scott(1999)将团队绩效的衡量标准划分为财务指标和非财务指标,其中财务指标包括任务的成本、收益等,非财务指标包括生产率、生产质量、服务质量、创新水平以及人事相关指标。Sarin(2001)将团队绩效划为内部维度和外部维度,内部维度指团队自我评估绩效和团队成员满意度,外部维度包括产品研发上市的速度、产品创新性、对于预定预算和工期的达成情况、产品质量、市场绩效等指标。除此之外,团队绩效的指标体系还包括工作过程产出与人力资源管理产出、效果与效率、标准绩效衡量指标与主管绩效衡量指标等。

不同研究者提出不同的绩效测量指标,如 Venkatraman 和 Ramanujam 提出以"全面绩效指标"来评价企业团队绩效,通过三个指标衡量企业团队绩效,分别是财务绩效(Financial Performance)、运营绩效(Operational Performance)、组织效能绩效(Organizational Effectiveness)。而 Covin 和 Slevin 将团队绩效划分为成长性和获利性两个维度,Dzinkowski 也认为以成长性和获利性作为团队绩效测量手段是可行的。

## 二、绩效的分类

对于绩效的分类,不同的研究者有着不同的看法,本表对不同的划分进行了总结。

表 2-2 绩效的维度划分

| 划分维度 | 维度 | 研究者 |
| --- | --- | --- |
| 二维度 | 获利性绩效、成长性绩效 | Covin 和 Slevin(1994) |
| | 生存绩效、成长绩效 | Chrisman、Bauerschmidt 和 Hofer(1998) |
| | 员工承诺度、员工信任度 | 沈超红和王重鸣(2008) |
| | 财务绩效、非财务绩效 | 李恩平和周晓芝(2013) |
| | 获利性和成长性 | 张秀娥、孙中博和王冰(2013) |
| | 生存性和成长性 | 易朝辉(2018) |
| 三维度 | 财务绩效、组织绩效、运营绩效 | Venkatraman 和 Ramanujam(1986) |
| | 效率绩效、成长绩效、利润绩效 | Murphy(1996) |
| | 生存、成长、创新 | 陈牧迪(2017) |
| | 团队业绩、团队合作、团队能力 | 陈晓暾、熊娟和武盼飞(2017) |
| | 生存绩效、成长绩效、心理奖赏 | 苏晓华(2018) |
| 四维度 | 企业内目标的实现、企业对员工的吸引力、企业发展前景、能力表现 | Copper(1995) |
| | 财务方面、顾客层面、内部经营、员工层面 | 沈超红和罗亮(2006) |
| | 经济效益、外部客户、创业链流程、学习与成长 | 黄渐(2019) |

鉴于本研究对象为创业团队，非财务指标中成长性和财务指标中获利性可以很好地反映处于创业团队的特点，因此，本研究中主要选择任务绩效和成长绩效作为青年创业团队绩效的衡量指标。

# 第四节 道德敏感性对企业绩效的影响

### 一、道德敏感性和企业绩效的关系

以往研究大都表明，道德、道德敏感与企业绩效有正向显著相关。Robertson，Blevins 和 Duffy（2013）对 2006－2010 发表的关于企业道德与财务绩效的文章进行综述，发现企业道德与财务绩效有关。道德敏感性与绩效有积极显著的关系（Arend, 2013；Fuller &Tian, 2006），道德敏感性越低，为客户提供卓越价值的承诺越低，会降低销售绩效（Briggs, Jaramillo &Weeks, 2012）。监督可以减少道德风险，从而提升绩效（Carpenter & Williams, 2010）。Arend（2013）对中小型创业企业的研究发现，道德敏感性与企业道德绩效呈积极正向相关。

在商业背景中，创业团队成员的道德敏感性涉及对团队发展过程中道德情境的识别、道德问题的感知察觉以及对决策后果的认知。以往学者多次对二者的关系做出了探究。比如，Chan 等人（2012）考察了企业管理人员的道德敏感性和企业治理绩效的关系，发现具有高道德敏感的企业，治理效果相对更好。他们还进一步提出，企业对待利益相关者的态度可反映出他们道德敏感性的高低。具备高道德敏感性的企业，能够主动意识到和承担起对社会的责任，给员工营造公平的工作氛围，保障员工和股东的利益。更重要的是，仅仅管理者具有高道德敏感性是不够的，必须要让企业员工也意识到道德原则的重要性并予以践行，形成相应的团队道德氛围和企业文化，让员工切身感受到企业对于道德规范的重视，勇于承担道德责任，这样才能以良好的公司治理获得员工、消费者、股东、投资者的信任，良性循环提高企业绩效。Eisenbeiss 等人（2015）通过研究上层梯队道德敏感性和绩效的关系，提出企业决策者处于企业的上层，价值观和决策都将上传下达到企业每个员工。那么决策者的敏感性一定程度上会影响甚至决定企业的敏感性。这意味着，在面对多重趋避选择时，决策者是否可以准确识别道德含义，在复杂情景中能否优先考虑道德，是否能够以身作则地表现出公平道德的价值观，将对企业经营有至关重要的影响，高层决策者的敏感性与企业的绩效有着密不可分的关系。张志聪、李福浩和叶一舵（2019）分析了保险营销员的道德敏感性对工作绩效产生的作用，发现保险营销员的商业道德敏感性越高，其工作绩效也越高。

高阶理论认为，企业中上层梯队的特征和行为会影响到组织战略的制定和选择，管理者个人的人格特征、价值观、道德观念都会影响到其对决策的制定。在创业团队中，一个很重要的特征是共同管理，成员大都是企业的管理层，他们的价值观、道德敏感性等特征就成了影响企业决策的核心变量。从群体决策角度看，团队成员拥有不同的价值观和道德敏感性，当进行群体决策时，将大大提高群体对于不完全信息的检索能力，对于风险的识别和评估也会有所提高。群体决策有助于提高整个团队的认同度，包括对企业战略和内部道德规范的认同，提高企业的内聚力，提高绩效。

总的来看，道德敏感性可影响企业绩效，尤其是对于企业的长期、成长性绩效，道德敏感性起着正向积极的作用。此外，道德绩效指标也在引起研究者的关注。道德绩效指标一般含不伤害违反（do no harm）和行善（do good）两个方面（Abdallah, Darayseh & Waples, 2013）。

总结以往的研究还发现，道德敏感不仅可以直接影响绩效，同时可以通过一些中间变量对企业绩效产生影响。影响道德敏感与企业绩效关系的中介变量有道德氛围、道德压力与创业导向等。另外，道德敏感在影响企业绩效的过程中，可能会受到一些变量的调节，个体层面的调节变量有道德人格特质、道德直觉等，群体层面的调节变量有道德传染效应、社会期许效应等。

## 二、道德敏感性与绩效间的中介变量

### （一）创业导向

1996年之前，研究者们并未明确提出创业导向这一概念。Miller（1983）提出创业包含了企业内部的新业务、对风险的承担能力以及超前行动能力，他的这一说法在一定程度等同于学者后面所描述的创业导向。Miller等人认为可以把它划分为创新性、风险承担性和超前性三个维度。直到1996年，Lumpkin和Dess才正式提出创业导向这一概念。他们对创业和创业导向进行了区分，把创业导向定义为企业内部通过潜力探索和挖掘产生新的产品，或者和其他的企业合资合作发展新业务，并通过这些带动企业发展的活动过程。此后，不少研究者也对创业导向进行了定义。Zahra（2000）提出创业导向是企业在前期业务基础上的业务扩大与发展，从而提高企业在行业中的竞争力，增加企业财务绩效，促进企业的生存发展。Elenurm（2012）提出创业导向是一种倾向，具有该倾向的创业主体会主动地去拓展新业务、主动对同行业间的竞争进行计划和决策。他把创业导向分成了创新性、模仿性和共创性三个维度。杨林（2014）认为，创业导向是企业内部具有创新精神的高管团队为了增强企业竞争力而采取的战略选择。

以往有不少研究发现创业导向对创业企业的财务绩效、成长绩效有显著影响，而且创业导向的不同维度对于绩效的影响不同。（贾建锋等，2013；蔡莉等，2011；胡望斌，2011；Zahra，1995，Wiklund，2003）。Hughes（2007）研究表明，对于发展初期的企业，创新性和竞争进取性对绩效有积极影响，而风险承担对绩效有消极影响。贾建峰（2013）认为创业导向对绩效的正向促进作用主要是通过创新性和先行性两个维度得以体现的。关于道德敏感性与绩效的关系,有研究发现,企业领导人的道德敏感性越低,创业导向对企业绩效的影响越强(Montiel-Campos, 2011);另外,道德认知会影响创业者的创业目标和导向(Jean&Robin, 2010), Liao 和 Welsh (2005) 也认为创业者对信任、尊重等道德价值的追求是维持创业有效性的基础,这些与道德相关的战略导向和价值追求与创业者的道德敏感性有紧密联系,道德敏感性在一定程度上影响着企业的创业导向。

这些都表明,创业导向在道德敏感性对企业绩效的影响中可能起中介作用。

(二)道德氛围

组织道德氛围也叫组织伦理氛围。Schneider (1975) 提出,企业中的道德氛围是指企业全体员工对组织程序和制度在道德伦理方面形成的较为稳定的共同感知。这种共同的感知产生于对组织如何看待和解决道德困境的观察,而不仅仅是员工个人的情感和态度。Murphy 等人在 1981 年正式提出"组织道德氛围(Organizational Ethical Climate)"的概念,他们认为组织道德氛围会显著影响员工的道德行为,个人的道德行为会随着组织的道德氛围的变化而变化。Victor 和 Cullen 在 1987 年对组织道德氛围进行了系统的论述,提出组织道德氛围是指企业员工关于什么在道德上是正确的行为以及如何正确处理道德问题的共同感知,并通过影响个体对待道德问题的态度、信念、动机和意向,最终影响整个组织的道德表现和组织决策。从此,组织道德氛围的概念被广泛接受(姜娜,2018)。

众多研究已证明组织道德氛围会影响成员的行为和组织绩效。例如,DeConinck (2011) 的研究发现组织道德氛围对组织承诺各维度均有正向影响;Okpara 和 Wynn (2008),以及 Wang 和 Hsieh (2011) 的研究表明组织道德氛围会影响工作满意度,Schluter 等人 (2008) 的研究还指出,组织道德氛围与员工离职倾向有显著负相关。

关于组织道德氛围对绩效的影响，Luria 和 Yagil（2008）调查了来自 20 家酒店的 171 名员工和 103 名顾客，发现酒店道德氛围对员工服务绩效有正向影响。Fu 和 Deshpande（2014）对在一家中国保险公司工作的 476 名员工进行了调查，结构方程模型检验的结果表明，关怀型道德气氛对工作绩效有直接影响。赵立（2011）通过对中小型企业的调查，建构了组织道德氛围的五个维度：集体道德意识、关注他人、关注自我、集体道德动机、集体道德性格，同时其研究也表明道德氛围对企业绩效的三个维度一般满意感、道德满意感、总体绩效具有直接显著的预测作用。而组织成员能否感知到良好的道德氛围，又以道德敏感性作为前提。例如张振红（2011）的研究发现，道德敏感性会显著影响个体对道德氛围的感知，Schminke，Ambrose 和 Neubaum（2005）的研究表明，领导者的道德敏感性对企业的道德氛围有影响，并且企业的发展阶段对此影响具有调节作用。

由此，道德氛围一方面可以影响企业绩效，另一方面会受到组织成员道德敏感性的影响，因此本研究将道德氛围作为道德敏感性与企业绩效关系中的中介变量。

(三) 道德压力

道德压力是个体因为对自己能否完成相关道德义务的不确定性所产生的一种以焦虑和不安为内容的心理状态，即有情感的成分，也包含认知的过程（Reynolds，Owens & Rubenstein，2012）。

研究表明道德压力会显著影响组织承诺、员工离职率、工作满意度等组织绩效指标（Schwepker&Charles，1999）。Cronqvist 和 Nystrom（2007）的研究显示，道德压力会显著降低工作绩效，Detienne 等（2012）研究得出在控制其他种类的工作压力之后发现，道德压力对员工疲劳和离职意向有显著正向影响，对工作满意度有负向影响。而 Babin 和 Boles（1996）的研究则发现，道德压力对员工绩效有显著正向影响，以上研究结果的分歧有可能是因为道德压力的程度不同所致，当道德压力较小时，绩效随着压力的增大而增大，一旦超过一定程度，绩效的变化则是随着道德压力的增加而降低，具体还有待今后研究进一步分析。另外，Lutzen等（2010）的研究发现道德敏感性高低会影响道德压力水平，进而影响个体道德行为。国外研究者以护士为被试，采用包含九个项目的道德敏感性量表为工具，结果显示道德敏感性量表中两个题项与道德压力有显著的相关。除了道德敏感性以外，道德氛围也会影响个体的道德压力。例如，Fisher等人的研究表明，若所属组织对道德准则更为重视，即道德氛围更加浓厚，其员工在完成需要经历道德困境的工作时报告有较少的道德压力。

由此，道德压力可能在道德敏感性对绩效的影响中起中介作用。

### 三、道德敏感性与绩效间的调节变量

#### （一）道德直觉

道德直觉是一种快速、自动化并且无意识的道德决策过程（Haidt, 2001）。田学红等人（2011）认为，道德直觉是一种同时包含道德知识和情绪情感的自动化系统，人们在依据道德直觉，快速地对道德违反情境做出判断的过程中，认知控制的参与较少，除了情绪情感，道德直觉还会受到文化、信念等因素的影响。肖前国等人（2014）将道德直觉与一般社会直觉进行比较，认为两者的共同之处在于都具有加工的自动性、非逻辑性、快速性、低认知需要性及整体性，除此之外，道德直觉可能还涉及情绪性加工和对行为动机、意图、心理理论等认知成分的联合处理（段庆芳，2015）。

道德直觉的提出帮助解释了现实中个体能快速根据自己的情绪和价值做出道德决策，但却无法解释其决策原因的现象。道德敏感性侧重于是否察觉出环境中的道德线索，而道德直觉主要强调快速无意识地进行道德判断和决策；道德敏感性不仅包含无意识的觉察过程，还包括道德解释、道德想象等有意识的认知过程，而道德直觉则强调道德决策过程

的无意识性（郑信军，岑国桢，2007；Greene et al，2008）。由此可见，道德敏感性和道德直觉可能分属于道德认知过程中的有意识和无意识通道，在道德决策上可能起到相互补充的作用。若不同个体的道德直觉分属于不同类型，则其道德敏感性对是否做出道德行为可能有不同程度的影响。例如，基于内群体忠诚的道德直觉较强的个体，相比于基于公平的道德直觉较强的个体，可能其道德敏感性对于道德行为和绩效有更弱的预测作用（Van Leeuwen & Park，2009；Haidt，2012）。其他研究结果也显示，无意识的道德直觉可能降低有意识道德认知对不道德行为的预测（Gino，Gu&Zhong2009；Gino&Ariely2012），

在团队中，个体的道德直觉高，团队对于当前情境中所包含的道德议题的敏锐度高，对于创业企业而言，道德直觉更像是一个内部探测器，帮助管理者做出判断。这样的结论也得到以往研究者的支持，Baldacchino等人发现，创业企业家在谈及决策时，他们认为直觉和反思才是他们做出决策、达到成功的主要来源。不同团队的道德敏感性对绩效的影响大小会受到团队成员的道德直觉大小的调节。

不同道德直觉的个体被情境中的道德问题不同程度的触发，被道德敏感性体验到的道德情绪不同程度的激活，进而呈现不同的行为意向。高道德直觉的创业团队，在面对具有极大不确定性的市场时，对于情境中的道德议题能够敏锐感知到，对于毫不起眼但可能带来隐患和风险的因素及时认知，关注决策对利益相关者的影响。低道德直觉的团队被情境中的道德主题和道德情绪激活程度低，对于市场上的风险和机遇并不敏锐，在做出决策时，往往考虑不到道德因素，道德敏感性对绩效的影响程度就会被弱化。

综上，道德直觉会调节道德敏感性对道德绩效的影响。创业团队的道德直觉可能在道德敏感性和团队绩效中具有正向调节作用。具体而言，这一关系对于高道德直觉的团队而言相对较强，对于低道德直觉的团队影响较弱。

## (二) 道德人格

Lapsley（1996）等人提出了道德人格概念，认为道德人格是理解道德心理与道德行为关系的关键。随后，不同的学者对道德人格提出了不同的概念界定。Walker 等人从人格结构出发，认为道德人格是与道德有关的特质或倾向，被认为是"好品质"的代表（Walker& Hennig, 2004）。近年来相关研究将道德人格从六个方面进行测量，即智慧与知识、勇气、仁慈、正义、节制和超越（Shryacket al, 2010）。Harenski, Kim 和 Hamann（2009）认为，不同道德人格的个体其道德心理过程有显著差异。国内学者也对道德人格开展了相关研究。赵成文（1999）从社会功能角度出发，认为道德人格是一个人整体道德素质的概念，标志着人的道德责任、道德标准和文明行为的水平和层次。

道德人格是包含多种行为动机的人格结构，在调节行为方面有重要作用。一些商业道德相关研究将道德人格视为一种关键变量，探讨其与企业绩效、领导风格的关系。Gardner（2004）等学者通过探究企业管理者的道德人格如何影响员工绩效时发现，诚信型领导风格会在工作中展现出乐观积极、自信、坚韧等品性，为下属员工提供认知上、情感上、道德上的支持，员工感受到这种支持性力量时，会更多地通过努力工作来回报这种支持性（张健卫等，2011）。

Cervone 和 Shoda（1999）提出，从社会认知视角来看，具有不同道德人格的个体拥有不同的社会信息加工的机制，在面对外部情景时将会不同程度的激活心理的表征，主要包括图式、生活任务以及策略三大类别。具体来说，在创业团队中，首先，高道德人格的团队在面对道德情境中，道德图式的激活更为敏感。敏感性帮助他们关注到环境中的道德考虑，而图式将有助于他们进行辨认。其次，高道德人格的团队更容易激活启动生活任务的影响，这种生活任务将有助于选择性的激发维持和道德人格有关的行为，它更像是个体的生活目标，让个体在感知到情境中的道德主题时，按照道德人格或者个体的生活目标采取行动，表现出正直、诚信、信任等积极品质，在团队中传递积极的氛围和价值观。最后，高道德人格的个体更容易形成策略，在面对复杂的两难情境时，在自身的道德价值观和道德目标的导向中，对社会情境信息进行加工，综合自我、他人的期望和信念，选择合适的策略。因此，高道德人格团队在面对复杂情形时更易激活道德表征，表现出正直、诚信、积极乐观等心理品质，从而在团队内部形成良好的氛围和心理认同，这种氛围的影响下，团队成员更多地以积极工作回报这种支持性氛围，产生更好的绩效。

以往研究发现，道德人格中的正义、仁慈等特质与企业绩效有积极的正向相关（Fahri &Emine，2013；周明建，侍水生，2013）。不仅如此，创业者的道德人格还能决定他如何坚持执行计划、目标、承诺和实现价值，对企业绩效有重要影响（Kupperman，1992；Radouche，2014）。道德人格和道德敏感性也有一定联系。具有道德人格的个体公正，勇敢，能更好地领悟道德环境线索和问题的道德含义，促使道德行为的产生，加强道德敏感性对道德绩效的影响（Patterson，2001）。因此，道德敏感性对绩效的影响可能会受到道德人格的调节。

（三）道德传染效应

除了道德直觉、道德人格等个体层面的因素，群体层面的因素也对道德敏感性和企业绩效间的关系有一定影响，其中道德传染效应较为凸显。道德传染（moral contagion）是道德传播的一种形式，是一方由于认同另一方的道德行为或道德态度而产生道德情感认同，并产生相似的道德行为的过程（Eskine, Novreske, &Richards，2013）。道德传染是"传染法则"在涉及道德品质问题上的一种具体的表现形式，所谓的"传染法则"就是心理传染。心理传染（psychological contagion）是指心理本质特性在人与物体、人与人之间的传递（王悦，龚园超，李莹，2019）。这些心理本质特性可以带有明显的生物学意义，也可以是抽象的能力、情感等表现。

在企业背景之下，表现为企业中的个体或某些群体对其他个体或群体的道德行为产生广泛影响，进而影响企业绩效。Weiss 和 Stuntz（2004）认为，个体在与同伴或同事的交往中，对方在合作、冲突、协商等过程中所表现出的道德行为会影响该个体对环境道德线索的认知即道德敏感性。在有道德传染效应的情况下，团体内的个体之间除了道德行为彼此相互作用以外，道德压力、道德氛围等也可能对彼此都有影响，使得整个团体的道德行为趋同（Wang&Hsieh, 2011）。因此，有无道德传染效应的存在，可能会改变道德敏感性对道德行为及企业道德绩效的预测作用，即道德传染效应在道德敏感性对企业绩效的影响中可能起调节作用。

以往的研究和实践表明，一些不道德行为的传染效应对企业绩效会产生负面影响。例如一些腐败行为，亲组织不道德行为等。腐败对创业团队的绩效有着非常消极的影响，是组织管理中毒瘤般的存在。道德传染效应会加速腐败的传播，一般情况下，大家都会对组织管理中的腐败现象嗤之以鼻并尽力躲避，但如果周围的人都参与了腐败，这种不道德的传染就会把原本坚守原则的个体也拖入腐败的泥潭，这时候，腐败不再是一件可耻的事情，反而成为了实现个体乃至群体目标的重要手段。逐渐地，这一腐败的群体与外部环境越发脱节，腐败问题越发严重，效率越发低下。

除了贪腐这一不道德行为的传染会影响团队绩效，为了组织而进行的不道德行为也会通过道德传染效应影响创业团队的长期生存。亲组织不道德行为是一种通过违背社会道德准则来促进组织发展的行为。其中，个体亲组织不道德行为是组织成员自发进行的为提高组织运作效能而违背社会道德准则的行为（王悦，龚园超，李莹，2019），这是一个自下而上的过程，由个体不道德行为传染至组织整体，虽然这一行为可能在短期内为创业团队带来效益，但从长期来看，它会威胁创业团队的生存和可持续发展。

（四）社会期许效应

社会期许效应与道德传染效应有相似处，即两者都会影响道德行为，并且都属于环境因素。但与道德传染效应不同的是，社会期许效应并非通过社会学习的机制习得他人的道德行为或不道德行为，而是通过认知环境中他人的态度来改变自身的道德态度以及道德行为（May&pauli,2002）。国外的一些实证研究证明了社会期许效应作为一种环境变量，对个体的道德行为有一定作用。例如，Stuntz 和 Weiss（2005）的研究指出，当个体知觉到周围人赞同他们违反道德的行为时，他们更倾向于认同这种行为，并且采用该行为的目的增强。Harrington（1997）对计算机企业员工的研究显示，社会期许和结果的严重性会显著影响他们做出有关病毒攻击的不道德行为的目的。关于道德敏感性与社会期许效应之间的关系，Singhapakdi，Rao 和 Vitell（1996）曾发现社会期许效应会显著影响市场推广人员的道德感知。Bateman，Valentine 和 Rittenburg（2013）等的研究发现，若被试所在人群普遍认为如共享文档之类的行为是不道德的，则被试更可能意识到共享文档是一个涉及道德的问题，从而减少该行为，即社会期许效应与道德敏感性有一定联系，它会调节道德敏感性对道德行为的影响，这一观点也获得了 Frey（2000）的研究结果的支持，即社会期许效应可能会调节道德敏感性与道德绩效的关系。

## 第五节 道德敏感性对绩效影响的核心理论

### 一、道德决策四阶段理论

Rest 作为新科尔伯格取向的代表人物，提出了道德行为的四阶段理论。这一理论认为，道德主体的决策过程包含了四个阶段：察觉到道德问题、进行相应的道德推理和判断、进行道德动机、发出道德行为（Rest, 1986）。在这四个阶段中，每个阶段在概念和功能上都有差异：第一个阶段的产物是道德意识，第二个阶段是产生道德判断结果，第三个阶段的产物是道德意图,第四个阶段则是产生道德行为。各个阶段均相互影响,但一个阶段的成功不一定决定其他阶段的效果。比如,一个道德判断(阶段二)高度发展的人,并不一定能做出更多的道德行为(阶段四)。在这个理论模型中,道德敏感性是初始心理成分,包括了对道德情境的觉察和领悟能力,还包括对个体行为对他人影响的感知。在复杂的事件中,个体凭借道德敏感性,对事件中的道德内容进行识别,从而产生了道德判断、道德动机和道德行为,进而形成道德品质。

Rest将人的道德心理过程纳入一个整体架构中,并提出,道德判断是个体在面对各种情形时衡量出的最适合的方式,道德动机是在多种价值导向中,个体将道德价值导向看作是最重要的,并在这种导向下,形成了道德动机。道德品质是指个体在执行有关道德方面的职责或者行为时,想办法克服过程中的困难,以坚定的品质实现道德性目标。对于创业团队而言,创业情景大多是模糊的,信息并不全面,创业团队成员需要对情境有一定程度的感知,察觉到情境中的敏感道德问题才能做出正确的决策。此时,道德敏感性就发挥出不可或缺的作用。道德敏感性唤起个体强烈的情绪,使得个体产生即刻的移情,由情绪激活认知,进而对情境中的道德问题进行识别和决策。本理论为道德敏感性对企业绩效的影响提供了理论依据。

## 二、高阶理论

高阶理论由Hambrick和Mason(1984)提出,是一种发展成熟的战略领导理论。该理论认为,在企业中,高层管理团队的特质会影响企业的决策和绩效。高层管理者自身的认知、价值观和个体特性等都会对决策产生影响,并传递到公司高层以下阶层的员工,在团队内部形成相应的氛围。Hambrick和Mason通过研究进一步提出,高层管理者自身的领导方式、职场经验、知识技能、认知结构均会影响经营绩效的变化。

近些年,高层管理团队对于企业的影响研究也拓展到了创业领域,道德敏感性属于高层管理团队的个性特征之一。道德敏感性决定管理团队在处理问题时是否会将道德问题置于核心考虑因素，进而影响创业团队的工作方式、未来规划以及在面对复杂情境时做出的行为。创业团队的道德敏感性作为一种特质，会对创业团队的内部管理、整体经营运作以及绩效产生重要影响。

### 三、群体决策理论

创业团队在进行初始经营的时候涉及的决策行为，大部分属于共同决策，在共同决策时，团队成员看待事情的想法、观点或者团队成员的处事风格都会对决策行为产生影响。群体决策理论更加关注团队动力对决策行为的影响。若团队成员的教育背景、价值观和处事风格具有一定的相似性，就很容易在团队决议中达成一致，即使是面对复杂的情境，也更容易做出相同的判断和抉择，长此以往，团队的凝聚力也会增强。

在创业团队中，如果创业团队内部成员具有某些特征上的一致性（例如教育背景、价值观等），其对企业战略决策的制定便更倾向于一致，当团队成员面对模糊或者两难的创业情景时，这种一致性可引导成员做出一致的选择，从而提高团队决策效率、提升团队凝聚力，团队可以给成员提供更加强烈的支持和接纳，团队成员更愿意投身工作；同时，团队成员拥有的不同程度的道德敏感性，可以大大增强团队决策中对不完全信息的检索能力，提高整个团队对于风险的感知能力和评估能力。从该理论角度上来讲，创业团队的道德敏感性对创业企业的发展和绩效有着不可忽视的作用。

### 四、群体动力理论

Lewin的群体动力理论是将群体视为一个整体，在这个整体中个体的需求，整体中力量的交织以及外部环境会综合形成群体动力。这种群体间的动力是一种复合动力，既包含来自群体自身的特征，比如群体的形成年限、规模大小、目标以及成员的特质等；也包括群体外部的环境因素，比如市场条例、行业规范、宏观政策等，群体动力就形成于这两大主要力量的交织中。一方面，这种群体间的动力是一种规范性的压力，即团队成员在共同目标、团队规则、统一的发展愿景的宏观引导下，表现出相对一致的团队认可的处事方式和行为态度。另一方面，群体动力也可能来自群体内的矛盾，比如在微观上，成员看待问题的角度不同、所处立场不同、信息掌握程度的不一致，有可能会造成团队的冲突和碰撞。本书所研究的道德敏感性是团队整体层面的敏感性，不只是团队个人的敏感性，这就意味着，团队成员之间的互动和群体动力在其中起着支撑作用，并在这种作用下，团队成员各自的道德敏感性在群体动力下会综合成为团队整体的道德敏感性，这种整体的道德敏感性会潜移默化地形成群体规范，引导着整个团队的动力和方向，并通过行为导向引领创业团队的发展。

### 五、理性行为理论

理性行为理论（Theory of Reasoned Action，TRA）由 Fishbein 和 Ajzen 于 1975 年提出，该理论认为人是理性的，在做出某一行为前会综合各种信息来考虑自身行为的意义和后果。创业团队的道德敏感性能够让团队敏锐地感知到情境中的道德主题，并通过移情和观点采择体会到决策给他人带来的后果，在综合权衡多种决策带给企业、利益相关者以及社会的影响之后，再做出决策。这种综合较量和评估的过程会帮助团队关注到决策带来的后果和给相关者造成的影响，从而降低决策的盲目性，提升企业的道德绩效。

### 六、社会直觉理论

与传统道德方面的理论不同，美国心理学家 Haidt，2001 创造性地提出了直觉主义理论，颠覆了关于道德判断在历经长时间的比较过程形成的传统认知（Haidt，2001），强调日常道德判断的直觉基础和道德认知过程的社会性，指出推理在日常道德判断形成过程中因果作用的有限性、事后性和偏倚性（王觅泉，姚新中，2018）。事实上，人们在面对道德情境时，首先触发的是道德直觉，道德直觉会瞬间做出判断，而做出判断后，人们才进行道德推理，反向验证自己的判断。具体而言，整个判断和决策过程共有六个环节，第一个环节是道德直觉环节，一旦出现情境，人们会瞬间触发并激活道德直觉，在直觉的控制下，人们无意识中有了自己的道德判断，而这个过程是自动的，是人们意识不到的。Haidt 还提出，这个过程会受到情绪的启动，在大量情感因子的促使下，道德直觉瞬间帮助人们做出判断。第二个环节是道德推理，在这一环节人们会用大量的理由来验证自己之前做出的判断。第三个环节是劝服他人环节，人们拿自己的判断影响别人。下个环节是社会规劝，人们通过身体姿势等方式无意识影响他人的决定。第五环节涉及直觉影响微弱时，人们做出判断的依靠转移为道德推理。最后的第六个环节类似于人们的自我反思环节。在该环节个体通常不是从单一角度思考一个道德问题，在多角度思考时可能就会产生很多相互矛盾的道德直觉。这时候就可能会出现类似于用内部语言与自己交谈的方式来重复各个环节。

该理论深刻揭示了个体不同的道德直觉水平在道德敏感性和绩效关系中有不同程度的影响。道德直觉是道德判断的首要环节，个体依靠在情境中得到的信息和感受到的情绪进行直觉性的道德判断，那么不同道德直觉的人会对道德情境有不同程度的敏感度，在面对不完全信息的市场情境时，会体验到不同程度的道德主题，对决策带给他人后果的感受程度也不相同，做出的道德决策也不尽相同。

## 七、道德人格的社会认知理论

道德人格（moral personality）的理论取向可分为两类，分别是人格特质观和社会认知观。本研究基于社会认知观的角度分析认为，具有不同道德人格的个体拥有不同的社会信息加工的机制，在面对外部情景时将会不同程度地激活心理的表征。Lapsley 和 Navaez 提出，人格倾向并不遵循跨情境的一致性，应该考虑在情境中个体行为的复杂性。人们的认知中的图式、概念等是道德人格形成的基础。在个体独特特性与外界环境的交织作用下，个体会形成不同类型的认识和信念，比如对环境的理解、对自身道德价值观的构想、预期等，这些信念都会存储于个体的认知系统中，当面对情境时，会从认知系统中提取出常用的概念，这些常用概念其实就是个体日常激活最频繁的图式。那么，面对有关道德主题的情境时，个体会自动启动最常用的图式，从而自发做出判断。该理念说明，人格差异是导致个体做出不同道德决策的关键因素，这种差异性影响着个体对不同情境的感知、选择和解释。不同道德人格的个体在面对道德情境时会不同程度地激活心理表征，道德人格特征显著的个体会更迅速地启动道德图式，表现出正直、信任等积极心理品质，从而在团队中形成良好的互动，提高团队的工作积极性和工作绩效。

# 第三章

# 研究模型与研究设计

## 第一节 研究模型与主要假设

前述章节对本书涉及的主要概念，道德敏感性对团队绩效的关系，以及道德敏感性对团队绩效关系的影响过程中，可能存在的中介和调节作用机制进行了文献和理论分析，本章将就此提出相关的理论模型和研究假设。

### 一、创业导向、道德氛围和道德压力的中介作用模型及其动态追踪

本研究拟采用结构方程模型的分析程序，分析三个创业阶段以创业导向、道德氛围和道德压力为中介变量时，创业团队道德敏感性对绩效的影响，模型假设图如下所示。

针对该模型及其纵向追踪影响，拟检验的相关研究假设有：

H1：青年创业团队道德敏感性对团队绩效具有正向影响。

H2：青年创业团队创业导向在道德敏感性和团队绩效间起到中介作用。

H3：青年创业团队道德氛围在道德敏感性和团队绩效间起到中介作用。

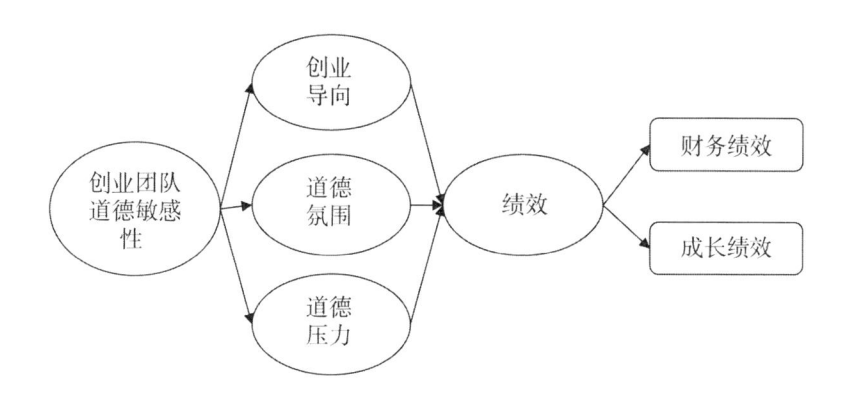

图 3-1 中介作用理论模型图

H4：青年创业团队道德压力在道德敏感性和团队绩效间起到中介作用。

H5：青年创业团队前一创业阶段的道德敏感性对下一阶段团队绩效具有正向影响。

H6：青年创业团队道德敏感性会通过下一创业阶段的创业导向中介作用于该阶段团队绩效。

H7：青年创业团队道德敏感性会通过下一创业阶段的道德氛围中介作用于该阶段团队绩效。

H8：青年创业团队道德敏感性会通过下一创业阶段的道德压力中介作用于该阶段团队绩效。

## 二、道德直觉、道德人格的调节作用模型及其动态追踪

拟分析以三个创业阶段道德直觉、道德人格为调节变量时，创业团队道德敏感性对绩效的影响，模型假设图如下所示，

针对该模型及其纵向追踪影响，拟检验的相关研究假设有：

H9：青年创业团队道德直觉在道德敏感性和团队绩效间起调节作用。

H10：青年创业团队道德人格在道德敏感性和团队绩效间起调节作用。

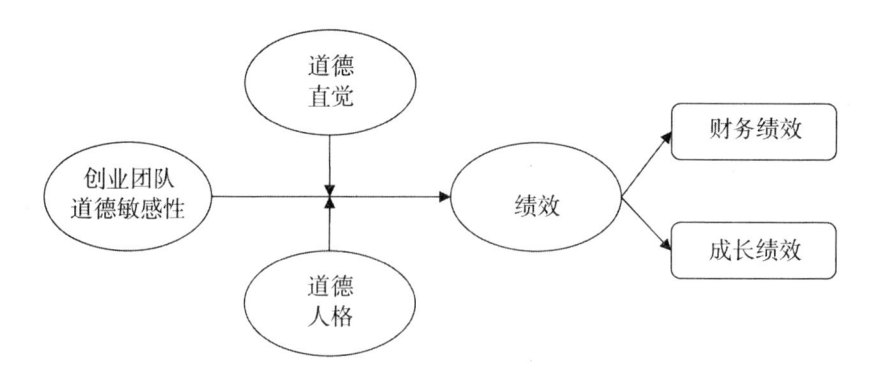

图 3-2　调节作用理论模型图

H11：青年创业团队道德直觉在道德敏感性和下一创业阶段团队绩效间起调节作用。

H12：青年创业团队道德人格在道德敏感性和下一创业阶段团队绩效间起调节作用。

### 三、道德传染、社会期许效应的调节作用模型及其动态追踪

拟分析三个创业阶段以道德传染、社会期许效应为调节变量时，创业团队道德敏感性对绩效的影响，模型假设图如下所示：

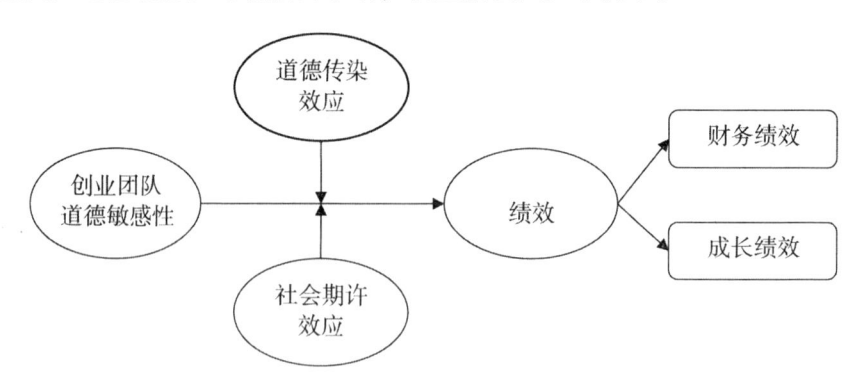

图 3-3　调节作用理论模型图

针对该模型及其纵向追踪影响，拟检验的相关研究假设有：

H13：道德传染效应在青年创业团队的道德敏感性和团队绩效间起调节作用。

H14：社会期许效应在青年创业团队的道德敏感性和团队绩效间起调节作用。

H15：道德传染效应在青年创业团队道德敏感性和下一创业阶段的团队绩效间起调节作用。

H16：社会期许效应在青年创业团队道德敏感性和下一创业阶段的团队绩效间起调节作用。

## 第二节 研究设计

### 一、研究总体设计

首先，按照量表建构的程序编制、修订模型中各个变量的测量问卷，进行测量工具的信度、效度检验；再通过访谈式问卷调查的方式进行三个创业阶段的追踪调查，然后采用结构方程模型、因素分析、相关分析和多元回归分析等方法对收集的数据进行分析，探明创业团队道德敏感性对绩效的纵向影响机制。具体将分析第一节介绍的三个阶段创业团队道德敏感性对绩效的直接影响效应、以创业导向、道德氛围和道德压力为中介变量的中介作用模型、以道德直觉、道德人格为调节变量的调节作用模型，以及以道德传染效应、社会期许效应为调节变量的调节作用模型。对针对模型中变量关系提出的研究假设进行检验。

然后，应用扎根理论，通过文献分析、案例分析和访谈进行质性研究，对青年创业团队道德敏感性的发展、道德敏感性在不同阶段对绩效的影响、道德建设建议等方面的内容进行进一步微观分析和梳理，试图对青年创业团队道德敏感性对绩效的影响机制模型，进行微观描述与解释分析，探讨分析青年创业团队的道德建设策略。

## 二、研究变量的测量

本研究所采用的研究工具是在大量的文献与案例分析、创业团队访谈的基础上形成。有的是采用修订后的国外学者编制的测量表、有的是自行设计的测量表。测量内容主要围绕青年创业团队道德敏感性（包含共感想象、移情不安、惩罚倾向和抗拒倾向四个维度）、团队绩效（包含成长绩效和任务绩效两个维度）、中介变量（创业导向、道德压力和道德氛围）和调节变量（道德直觉、道德人格、道德传染效应和社会期许效应）展开。

### （一）道德敏感性的测量

青年创业团队道德敏感性的测量采用的是课题组自编的创业团队道德敏感性量表。该量表的编制过程及信、效度资料如下。

#### 1. 维度设计

前期通过寻找创业团队案例和新闻报道来进行编码分析，形成创业团队道德敏感性的结构因素的初步设想，之后通过访谈创业团队成员以及查找大量文献，初步确定创业团队道德敏感性的四个维度：共感想象，移情不安，惩罚倾向，抗拒倾向。

在编制具体条目时，首先通过查找文献、新闻报道以及相关书籍了解到创业团队在企业实践中遇到的道德困境，并搜集创业企业在以上道德困境中的具体案例。之后，将这些案例初步编制成问卷题目。在案例呈现方式上，为了能更好地引起被试在认知和情绪上的冲突，因此选择两难故事情境法对道德案例进行编写。题项初步编写完成后，邀请管理学专家对这些道德条目是否清晰反映了当前创业团队在运营过程中面临的道德问题进行评判，将不符合创业团队道德困境的题目进行删除、并合并和修改了重复和相似情境。然后邀请相关学者和心理学系学生、创业团队成员等对题项的表述进行评判，检查题项表述是否清晰、没有歧义，并根据反馈建议修改复杂晦涩的文字表述，使得题目更加通俗易懂。

## 2. 初始量表形成

最初的预测量表包含60个题目，采用7级Likert量表，1＝非常不符合，7＝非常符合，数字越大表明越符合。为了降低被试的社会期许性，本研究用"职业情境问卷"这一表述代替"道德敏感性问卷"，并在计分方式的设置上，采用"非常不符合""非常符合"代替"非常不道德""非常道德"的表述。

## 3. 初始量表的预测和分析

初测随机选取北京地区各高校119位创业团队成员进行问卷发放。该阶段共计发出119份问卷，剔除掉极端值较多的两份，共计留下117份可用问卷，有效率达到98.3%。其中，女生为39人，男生为78人，分别占比33.3%和66.7%；教育背景理工类为71人，文科为43人，医科为3人，分别占比60.7%、36.8%和2.5%。

采用spss 22.0软件进行数据整理和进一步分析，主要采用三种方法对项目的鉴别力进行分析，分别是项目的标准差、项目与总分的相关性以及临界值比率法。

经过项目分析和筛选，初始问卷保留了56个项目。接着进行探索性因素分析，探究量表的结构。

进行KMO和巴特利特球形检验，看该量表对于因子分析的合适程度。结果如表3-1所示，KMO取值等于0.868，巴特利特的球形度检验显著，表明预测量表适用于进行因子分析。

表3-1 KMO和巴特利特检验结果

| 取样足够度的Kaiser-Meyer-Olkin度量 | | 0.868 |
|---|---|---|
| Bartlett的球形度检验 | 近似卡方 | 6010.528 |
| | df | 1540 |
| | Sig. | 0.000 |

接下来，进行探索性因素分析。首先选用主成分法抽取公共因素，

并限定公因子抽取的数量为4，辅以最大方差法进行旋转。根据所得数据，剔除问卷题项，主要标准为：（1）删除共同度低于0.2的题项；（2）删除载荷低于0.4的题项；（3）删除反映像相关矩阵中（适当性量数）低于0.5的题项；（4）删除与别的题目在一个公因子但却表达含义不一致的题目中与其他题项意义不同的题项。

基于上述筛选标准，进行了多次的探索，最终在正式问卷中留下25个题目，形成了包括4个因子和25个题目的正式版本问卷。经过探索性因素分析，抽取出来的四个公共因子的特征根都大于1，四个因子分别能够解释方差变异量的41.053%，10.617%，6.836%，5.302%。累积能够解释方差的63.807%。表3-2呈现的是旋转后的各个题目负荷值。

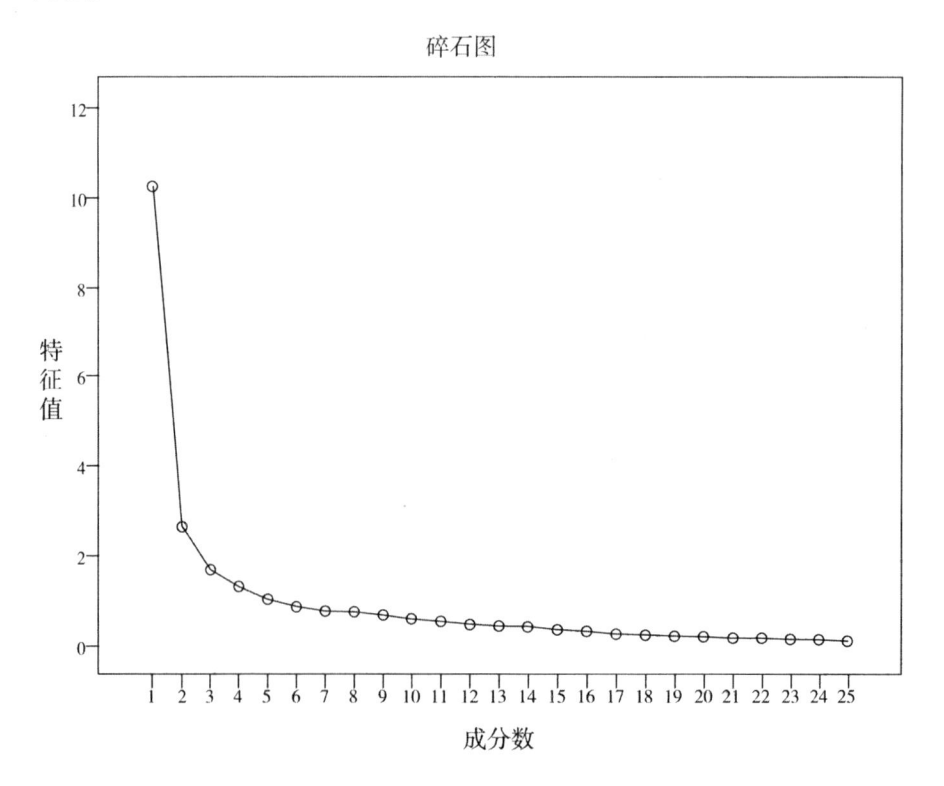

碎石图

图3-4　碎石图

表3-2　旋转后各题项负荷值

| 题目 | 因子负荷 | | | | 共同度 |
| --- | --- | --- | --- | --- | --- |
| | 因素1 | 因素2 | 因素3 | 因素4 | |
| 题目58 | .792 | | | | .706 |
| 题目34 | .759 | | | | .691 |
| 题目37 | .708 | | | | .714 |
| 题目7 | .685 | | | | .538 |
| 题目27 | .676 | | | | .741 |
| 题目53 | .675 | | | | .577 |
| 题目50 | .652 | | | | .567 |
| 题目42 | | .850 | | | .843 |
| 题目28 | | .742 | | | .726 |
| 题目41 | | .726 | | | .704 |
| 题目52 | | .699 | | | .699 |
| 题目51 | | .650 | | | .633 |
| 题目59 | | .551 | | | .535 |
| 题目46 | | | .799 | | .703 |
| 题目55 | | | .765 | | .636 |
| 题目38 | | | .726 | | .711 |
| 题目30 | | | .684 | | .505 |
| 题目25 | | | .667 | | .614 |
| 题目44 | | | .619 | | .645 |
| 题目33 | | | .607 | | .685 |
| 题目57 | | | .575 | | .490 |
| 题目31 | | | | .700 | .745 |

续表

| 题目 | 因子负荷 | | | | 共同度 |
|---|---|---|---|---|---|
| | 因素1 | 因素2 | 因素3 | 因素4 | |
| 题目2 | | | | .699 | .527 |
| 题目12 | | | | .532 | .487 |
| 题目45 | | | | .392 | .529 |
| 解释变异量 | 41.053 | 10.617 | 6.836 | 5.302 | |
| 累积解释变异量 | 41.053 | 51.669 | 58.505 | 63.807 | |

4. 正式量表的信效度分析

第二次选取407名有创业经历或者参加过创业计划大赛的大学生创业团队成员，让他们填写创业团队道德敏感性正式问卷，筛选出不完整作答或者极端作答的成员后，被试中男性成员共270人，女性成员共128人，分别占比67.8%和32.2%；教育背景为理工类成员共265人，文科类成员126人，艺术体育类成员共7人，分别占比66.6%、31.7%和1.7%。团队成员的年龄层主要集中在15-20岁，共288人，其他成员年龄分布在21-26岁之间，分别占比72.4%和27.6%。

正式量表包含四个维度，25个题目，考虑到本研究测量题项过多，同时又从中选取高负荷项目形成了12个题目的正式量表简化版。采用Spss22.0和Amos21.0对正式量表的测试数据进行了进一步分析。

信度分析结果表明，25道题版本和12道题的简化版量表信度分别为0.958和0.904，信度良好。

对于该量表的效度检验，主要包括内容和结构效度。结构效度主要采用两种方法进行分析，一种是问卷维度之间的相关性，一种是验证性因素分析。

（1）内容效度

本量表的结构维度是在前期案例分析、访谈以及文献分析的基础上得出的，题项的编制也是通过搜集整理大量创业团队在道德方面的困境案例进行的编制。在编制之后，多次邀请专家对编制的题项进行修改，以确保题项表述清晰、通俗易懂，内容符合要求。因此，本量表的内容效度较好。

（2）结构效度

1. 相关分析法

该方法的分析逻辑是，查验各个维度总分与维度内的题的皮尔逊相关系数。四个维度下题目与维度总分相关性均显著，惩罚倾向维度总分与题目之间的相关性在 0.706 - 0.798 之间，共感想象维度的总分与维度内题项的相关系数处于 0.703 - 0.842 水平，移情不安总分与维度内题目的相关系数处于 0.833 - 0.922 水平，抗拒倾向总分与维度内题目的相关系数处于 0.743 - 0.887 水平。这些数据都说明，正式量表有较好的结构效度。

2. 验证性因素分析

验证性因素分析的结果表明，两个版本量表的 $x^2/df$ 为 1.821 和 1.451，都在 1 - 3 之间，RMSEA 分别为 0.080 和 0.070，都小于 0.1，模拟适配度较好。另外 NFI = 0.826，IFI = 0.913，TLI = 0.902，CFI = 0.912，这几个拟合指标均大于 0.9，说明创业团队道德敏感性量表的模型拟合度较好，符合理论构想。

该量表从"认知 - 情绪 - 态度 - 行为"四个侧面出发，分为共感想象、移情不安、惩罚倾向和抗拒倾向四个维度。具体而言，共感想象是指个体站在共感角度上想象不道德做法造成的后果，移情不安是个体在不道德做法的影响下感受到诸如愧疚、不安等负性情绪，惩罚倾向是指个体希望对于不道德行为施予惩罚，抗拒倾向是指个体对不道德行为实施者表现出内心排斥和身体抗拒。最终量表共计12小题，采用7点计分，1表示非常不符合，7表示非常符合。最终使用的量表（见下表3 - 3）共有4个情境，施测时让被试设身处地感受每种情境，选出符合自己的情况。

表 3-3 创业团队道德敏感性维度划分与测量

| 变量 | 情境 | 维度 | 测量题项 |
|---|---|---|---|
| 道德敏感性 | 情境 1：骨干小李偷拿了公款但因公司目前缺人手没有被开除，如果你是总经理 | 惩罚倾向 | 你会认为他应该被逐出公司 |
| | | 移情不安 | 你为没能早点发现并阻止小李而感到不安 |
| | | 共感想象 | 你会担心小李的这种行为不利于他在公司的工作开展 |
| | 情境 2：公司亏损，总经理授权，准备使用易磨损材料缩减产品周期以增加销售，作为公司股东和副总 | 抗拒倾向 | 你将会不愿意委派任务给小李 |
| | | 共感想象 | 你会认为这种行为会使公司的客户流失 |
| | | 惩罚倾向 | 你认为这种做法会受到惩罚 |
| | | 抗拒倾向 | 你会因此和总经理产生嫌隙 |
| | 情境 3：公司在挑选供应商时选择了价格低但有污染的产品供应，你作为公司重要高层之一 | 移情不安 | 你会为没能成功阻止董事会与该供应商签约而感到不安 |
| | | 惩罚倾向 | 你会认为该做法将受到环保局的惩罚 |
| | | 抗拒倾向 | 你会因此不愿答应该供应商的聚餐邀请 |
| | 情境 4：公司生产存在污染，但因更换机器成本巨大，因此迟迟没有更换，你作为股东之一 | 移情不安 | 你会因为没能坚持更换机器而感到不安 |
| | | 共感想象 | 你会想象这样做会造成严重的不良后果 |

（二）团队绩效的测量

青年创业团队团队绩效的测量主要在俞明理（2003）和李明岩（2005）编制的团队绩效量表上改编而成，将团队绩效的测量分为成长绩效和任务绩效两个维度，任务绩效又分为团队发展和成员满意度两个方面。量表（表 3-4）共计 26 小题，采用 5 点计分，1 表示完全不符合，5 表示完全符合。量表的各分维度及总量表 Cronbach 信度在 0.79 - 0.93 间。

表3-4 团队维度划分与测量

| 变量 | 维度 | 测量题项 | 量表来源 |
|---|---|---|---|
| 团队绩效 | 任务绩效 | 团队能在计划时间内完成任务目标 | 俞明理（2003）；李明岩（2005） |
| | | 团队完成任务时达到了要求 | |
| | | 团队能在预算范围内完成目标 | |
| | | 团队知道哪些是最关键的工作任务并迅速做出决策 | |
| | | 团队的工作效率很高 | |
| | | 团队的工作是高质量的 | |
| | | 团队的工作具有创新性 | |
| | 成长绩效 | 团队成员在创业过程中学到了一些有益的东西 | |
| | | 团队成员的团队合作能力得到提高 | |
| | | 团队成员的工作适应能力得到提高 | |
| | | 团队成员的人际交往能力得到提高 | |
| | | 团队成员的学习能力得到很大的提高 | |
| | | 团队的学习意愿和主动性得到很大的提高 | |
| | | 团队成员的社会经验得到了丰富 | |
| | | 团队成员之间的关系比刚开始更融洽 | |
| | | 团队成员对自己在团队中发挥的作用感到满意 | |
| | | 团队成员对一起工作的方式感到满意 | |
| | | 团队成员对在团队锻炼中的收获感到满意 | |
| | | 团队成员对团队的任务完成情况感到满意 | |
| | | 团队成员对团队的管理方式感到满意 | |
| | | 团队成员对自己在团队中发挥的作用感到满意 | |
| | | 团队成员对在创业过程中的收获感到满意 | |
| | | 团队成员对工作气氛感到满意 | |
| | | 团队成员之间相互信任 | |
| | | 团队成员之间配合密切 | |
| | | 团队成员工作积极性高 | |

47

### (三) 创业导向的测量

Miller (1983) 将创业导向划分为创新性、风险承担性和先动性，Covin 和 Slevin (1989) 按照该划分方式编制了创业导向量表。马马度 (2014) 参考了 Covin 和 Slevin (1989) 等人的创业导向量表，并在此基础上进行修订，把创业导向分为了创新性、冒险承担性和行动超前性三个维度。经过检验，量表的整体及其各维度的内部一致性信度均大于 0.7，各维度的 CR 值均大于 0.7 的标准值，AVE 值均大于 0.5 的标准值，具有较理想的信度和效度水平。本研究采用的马马度修订的创业导向量表。量表共计 9 小题，采用 7 点计分，1 表示完全同意，7 表示完全不同意。

表3-5 创业导向维度划分与测量

| 变量 | 维度 | 测量题项 | 量表来源 |
|---|---|---|---|
| 创业导向 | 创新性 | 您所属团队强调研发、技术领先和营销创新 | Covin 和 Slevin (1989)；马马度 (2014) |
|  |  | 未来五年中，您所属团队在市场上将销售许多新产品或服务 |  |
|  |  | 您所属团队的产品线或服务的变化非常大 |  |
|  | 冒险承担性 | 由于环境的不确定性，大胆行动是实现团队目标所必需的 |  |
|  |  | 您所属团队偏好投资高风险高回报的项目 |  |
|  |  | 您所属团队鼓励承担适当的业务风险或财务风险 |  |
|  | 行动超前性 | 您所属团队倾向于对市场变化做出快速反应 |  |
|  |  | 您所属团队往往首先发起一种竞争行动 |  |
|  |  | 您所属团队常常是第一个引入新产品/服务、新管理技术与生产技术等 |  |

### (四) 道德氛围的测量

道德氛围的测量使用国外学者 Charles (2001) 编制的量表，经检验，量表的 Cronbach α 值大于 0.7，AVE 值为 0.55，大于 0.5 的标准值，具有较好的信度和效度水平。量表（表3-6）共计7小题，采用7点计分，1表示完全同意，7表示完全不同意。

表3-6 道德氛围测量

| 变量 | 测量题项 | 量表来源 |
|---|---|---|
| 道德氛围 | 我所属的团队有正式的道德规范条例 | Charles (2001) |
| | 我所属的团队严格执行道德规范 | |
| | 我所属的团队有关于道德行为的政策 | |
| | 我所属的团队严格执行有关道德行为的政策 | |
| | 我所属团队的高层领导明确地告诉员工不道德行为是不能容忍的 | |
| | 如果我所属团队的一名销售人员被发现有让他（她）本人获利的（而不是让公司获利的）不道德行为，他（她）会立刻受到惩罚 | |
| | 如果我所属团队的一名销售人员被发现有让公司获利的（而不是让他（她）本人获利的）不道德行为，他（她）会立刻受到惩罚 | |

（五）道德压力的测量

道德压力的测量采用国外学者Dane（2003）编制的量表，量表的Cronbach α值为0.9，大于0.7，具有较好的信度。量表（表3-7）共计3小题，采用7点计分，1表示完全不符合，7表示完全符合。

表3-7 道德压力测量

| 变量 | 测量题项 | 量表来源 |
|---|---|---|
| 道德压力 | 如果上司让我完成一些我觉得有些不道德的任务，我会觉得有压力 | Dane (2003) |
| | 为了获得上级对我工作表现的赞许，有时我认为有必要在工作中做一些不道德行为 | |
| | 如果我必须在"我认为道德的行为"和"对我上司最好的行为"中做出决定，后者使我感到压力 | |

## （六）道德直觉的测量

道德直觉的测量源自傅星雅（2016）所用的道德直觉测评材料，量表分为五个维度，分别是关爱/伤害、公平/欺骗、忠诚/背叛、权威/颠覆和纯洁/堕落。量表（表3-8）共计12小题，采用6点计分，1表示完全没问题，6表示完全不道德。

表3-8 道德直觉测量

| 变量 | 维度 | 测量题项 | 量表来源 |
|---|---|---|---|
| 道德直觉 | 关爱/伤害 | 刘经理的公司正处在忙碌时期，且一年之中只有这个时期能够获利。而他的助理在这关键时候提出要休年假陪刚出生的儿子，李经理考虑之后没有批准 | 傅星雅（2016） |
| | | A公司突然违反协议，决定不再供给原材料给张经理的公司，导致张经理损失惨重，他感到非常恼火想让A公司受到惩罚，因此在微博等媒体上批判A公司产品掺假 | |
| | | 由于公司资金紧缺，入不敷出，王总授意采购部购买临近保质期的食品，以降低员工餐厅的成本 | |
| | | 由于妻子将要做心脏手术，张经理近期心情很低落。当一名手下的销售人员因为犯了错误而损失一位潜在客户时，张经理对其破口大骂，甚至想解雇他 | |
| | | 郭总最近在医院被查出感染了呼吸道传染性疾病。但是由于公司即将上市业务繁重，再加上自己觉得身体还行，仍然每天去公司上班，和大家一起工作 | |
| | 公平/欺骗 | 眼看小组的销售业绩在公司中的排名连连下滑、总是受到其他小组的冷嘲热讽，小组领导决定今后从销售提成中分给客户回扣来提升销售业绩，获得更多奖金 | |
| | | 员工小李的老婆是医生，之前帮张经理抢救了中风的母亲。在这次的下岗裁员中，张经理裁掉了另一名业绩比小李稍好的小张，保住了小李的饭碗 | |

续表

| 变量 | 维度 | 测量题项 | 量表来源 |
|------|------|----------|----------|
| 道德直觉 | 忠诚/背叛 | 为了更好地供养常正直学龄期的儿子，刘律师离开了工作20年的公司去了薪水更高的地方，并带走与其常年合作的大客户，结果对原公司带来了很大的损失 | 傅星雅(2016) |
| | 权威/颠覆 | 为了提前去学校接年幼的女儿放学，并回家买菜做饭。小赵决定只要每天完成了固定工作，就提前一个小时下班，不遵守公司规定的工作时间 | |
| | | 经理无故解雇了一批工人，工人怀疑经理用摄像机非法监视他们。但只有在工会同意的情况下工人才能进行反抗，而工人们直接撬开了经理的办公室查看监控视频 | |
| | | 周林所提交的营销方案被领导驳回了，周林因为自己辛苦设计的方案被轻易驳回而感到生气，向其他同事抱怨，并讽刺领导没脑子 | |
| | 纯洁/堕落 | 李震创立的服装公司多年来终于受到消费者的热捧，其中皮草大衣销量贡献最大，随着需求量的增长，他决定加大动物的皮毛收集量，改善公司的经营 | |

（七）道德人格的测量

道德人格的测量采用国外学者 Lee 和 Ashton 编制，国内学者龚琦（2013）翻译和修订的道德人格测量量表，量表总体的内部一致性信度为0.77，40名被试一个月后的重测信度为0.91，具有良好的信度。该量表得分高的人具有乐于助人、避免利用他人谋取私利、几乎不愿违反规则、视钱财如粪土而且姿态谦卑等特点；相反该量表得分低者具有铁石心肠、会为己利阿谀奉承和违反规则、追求物欲而且自视甚高等特点。量表（表3-9）共计20小题，采用5点计分，1表示极不同意，6表示完全同意。

表 3-9 道德人格测量

| 变量 | 测量题项 | 量表来源 |
|---|---|---|
| 道德人格 | 为了从自己不喜欢的人手中得到一些东西，我会假装对他/她很友善 | 龚琦(2013) |
| | 如果我知道自己永远不会被抓，我会去偷一百万 | |
| | 对我来说，拥有很多金钱不是特别重要 | |
| | 我是个普普通通的人，并不比其他人优秀 | |
| | 即使我认为通过巴结能够得到奖励，我也不会这么去 | |
| | 如果手头很紧，我会禁不起诱惑去购买赃物 | |
| | 我想住在一个昂贵、高级的区域 | |
| | 我不愿意别人感觉似乎我比他们优秀一样地对待我 | |
| | 如果我想从某人手中得到一些东西，即使他/她讲的笑话再不好笑，我也会哈哈大笑 | |
| | 即使是很有价值的贿赂，我也绝对不会接受 | |
| | 我想让别人看到我开着名贵轿车 | |
| | 我认为我比一般人有资格得到更多的尊重 | |
| | 我不会为了让某人帮我做事而假装喜欢他/她 | |
| | 如果我确定我不会被抓到，我会禁不住诱惑使用假钞 | |
| | 如果有机会可以拥有昂贵的奢侈品，我会非常快乐 | |
| | 我想让别人知道我是个地位高的重要人物 | |
| | 我会同情那些比我不幸的人 | |
| | 我尝试着慷慨帮助一些有需要的人 | |
| | 我不会因为伤害了不喜欢的人而难过 | |
| | 别人觉得我是个硬心肠的人 | |

（八）道德传染效应的测量

道德传染效应的测量参考了 Eskine（2013）制定的量表，该量表的 Cronbach α 值为 0.906，具有良好的信度。本研究对量表进行了修订，设定的问题情境为"无意中发现了你公司中的某个同事为了升职给领导偷偷送了礼，在之后与其相处中"，量表（表3-10）共计6小题，采用6点计分，1表示极不同意，6表示完全同意。

表3-10 道德传染效应测量

| 变量 | 测量题项 | 量表来源 |
|---|---|---|
| 道德传染效应 | 若他送你礼物，你愿意接受 | Eskine（2013） |
| | 你愿意以后和他同一组合作任务 | |
| | 你愿意和他在今后多联系 | |
| | 他请你吃饭你愿意加入 | |
| | 你愿意借用他的衣服、伞等物品 | |
| | 你愿意同他握手 | |

（九）社会期许效应的测量

社会期许效应的测量采用了在心理测量中被广泛应用的由 Crowne 和 Marlowe（1960）编制 Crowne – Marlowe 社会期望量表（汪向东等，1999），其 Cronbach α 值为 0.73 – 0.88，具有较好的信度。量表（表3-11）共计33小题，采用7点计分，1表示非常不符合，6表示非常符合。

表3-11 社会期许效应测量

| 变量 | 测量题项 | 量表来源 |
|---|---|---|
| 社会期许 | 在投票前我要了解所有候选人的情况 | Crowne – Marlowe 社会期望量表 |
| | 我总是毫不犹豫地放下自己的事情帮助有难处的人 | |
| | 如果得不到别人的鼓威，有时我很难将事情继续做下去 | |
| | 我从来没有特别讨厌谁 | |
| | 我偶尔怀疑自己是否具备成功的能力 | |
| | 如果得不到自己想要的东西，有时我感到愤愤不平 | |
| | 我总是很留意自己的衣着 | |
| | 无论在家还是在饭馆，我都一样注重饭桌上的礼仪 | |
| | 如果能不花钱溜进电影院，而且肯定不会被人发现，我会这么做 | |

续表

| 变量 | 测量题项 | 量表来源 |
|---|---|---|
| 社会期许 | 少数一些时候，我因为自己能力不够而放弃某些事情 | Crowne-Marlowe社会期望量表 |
| | 我有时喜欢说别人的闲话 | |
| | 有时我想违抗有权威的人，即使我知道他们是对的，也想这么做 | |
| | 不管与谁交谈，我总是一个很好的倾听者 | |
| | 我记得有过为逃避某些事而"装病"的情况 | |
| | 我有过利用别人的时候 | |
| | 只要犯了错误，我总是愿意承认 | |
| | 我总是有言必行 | |
| | 与多嘴多舌而又讨厌的人相处，我并不觉得特别困难 | |
| | 我有时想以牙还牙，不想原谅或忘却了事 | |
| | 如果我不懂得什么事情，我会很痛快地承认 | |
| | 即使对难以相处的人，我也总是彬彬有礼 | |
| | 有时我一定要坚持按自己的方式做事 | |
| | 有时我真想砸东西 | |
| | 我从来没想到要别人替我受过 | |
| | 对于别人指望我报答的要求，我从无怨言 | |
| | 当别人说出与我完全不同的意见时，我从来没有厌恶之感 | |
| | 我从来没有不认真检查车辆安全性就开始长途旅行的情况 | |
| | 我有时候对别人的幸运相当嫉妒 | |
| | 我几乎从未觉得想要斥责别人 | |
| | 我有时因为别人要我帮忙而生气 | |
| | 我从来没有觉得自己无缘无故地受到惩罚 | |
| | 有时我想，当别人遭受不幸时不过是得到了他们应得的 | |
| | 我从来没有有意说过伤害别人感情的 | |

## 三、数据收集与研究样本

### （一）量化研究的数据收集与研究样本

本研究的研究对象为青年创业团队成员，选取的被试为在创业初期加入、全身心投入到企业创业活动、对企业的决策和运作有重要影响并且在企业中担任重要职务或角色的18－44周岁的创业团队成员。纵向调研数据的收集始于2015年12月，通过多方沟通与协调，一共找到了符合本研究条件的192家创业团队，数据采集时间点分别是企业初创期、成长期、成熟期三个创业阶段。其中初创期为创业团队最初确立项目，招募人员，注册公司的阶段；成长期为创业团队进行产品推广，建立消费者基础，扩大生产规模的阶段；成熟期指公司进入稳定发展阶段，开始进行产品创新或升级，更加关注社会公益的阶段。

由于一些创业团队中途解散、最终未能进入到企业运营阶段，以及企业搬迁、拒访或后期失去联系等原因造成的数据流失，将第三个时间点的数据进行匹配，最终到2019年10月，三个阶段全程参与问卷施测的创业团队有106家。问卷填答的最终有效比例为55.208%。整个追踪测量通过访谈式问卷调查的方式进行，三个时间点采用的是同样的调查问卷，时间持续近四年。这些创业团队来自北京、上海、广州、浙江、河南、山东、吉林7个省市，团队所在行业涉及广告媒体、生物医药、金融、信息技术、教育培训、服务等。

对收集到的有效被试样本的基本信息进行统计发现，在青年创业团队成员的性别构成中，男性占60.500%，女性占比39.500%；年龄构成中，18－25岁的人群占比24.528%，26－35岁的人群占比50.000%，36岁及以上的人群占比25.472%；教育程度构成中，高中/中专及以下人群占比4.717%，大专人群占比18.868%，本科人群占比50.943%，硕士研究生人群占比24.528%，博士研究生人群占比0.944%，青年创业团队成员整体受教育程度较高；从创业前从事相关行业工作的时间来看，25.472%的人有0-2年（不含2年）相关行业工作经验，45.283%的人有2-5年（不含5年）相关行业工作经验，18.868%的人有5-8年（不含8年）相关行业工作经验，10.377%的人有8年及以上相关行业工作经验。

（二）质性研究的数据收集与研究样本

在量化研究之后，我们又进一步结合扎根理论的质性研究范式，对青年创业团队道德敏感性对绩效的影响机制模型，进行微观描述与解释分析，探讨分析青年创业团队的道德建设策略，以弥补量化分析方法对细节和个性的忽视，从而使理论和解释进一步得到完善。质性研究的资料来源有很多种，本研究选取了文献资料、案例资料和访谈资料三种资料来源。

1. 文献分析

对近五年心理学、管理学、社会学、经济学等多个领域的期刊文献进行分析。在知网"出版来源导航"中搜索"企业"，取搜索结果中被引次数大于两万次的期刊，在主题中搜索"道德""道德初创期""道德发展期""道德成熟期"等关键词，重点分析与创业企业有关的文章，以明显的与创业企业无关的文章为参考。共检索到63篇有效文献，分别对有关青年创业团队道德敏感性在不同创业阶段的表现、对绩效的影响以及团队道德建设建议的内容进行整理，提取概念或次目类和例子，并结合相关材料给概念下操作性定义。之后对概念或次目类进行分组整合，形成初步的编码手册，为后续案例分析和访谈编码提供依据。

2. 案例分析

通过网络搜索近十年创业团队道德争议相关的新闻，案例入选标准如下：（1）该团队为创业团队；（2）该团队发生过道德争议事件，并对团队发展产生了影响；（3）该团队涵盖了创业成功或失败的例子。

在浏览了54件次案例后，从中选取了信息较为丰富、团队较为人熟知的15个创业团队的道德发展案例,对每个事件进行进一步的资料搜索,以获取更加全面、具体的评价。案例信息见表3-12。

表3-12 创业团队案例信息表

| 编号 | 涉及时期(按比例降序) | 案例描述 |
| --- | --- | --- |
| 01 | 初创期、成熟期、成长期 | 人工智能的伦理问题 |
| 02 | 成熟期、成长期 | 共享单车的营销与售后 |
| 03 | 初创期 | 服装品牌理念设计 |
| 04 | 初创期、成长期、成熟期 | 电子烟的宣传与伦理 |
| 05 | 成熟期 | 互联网大厂管理者的道德事件 |
| 06 | 成熟期、成长期、初创期 | 家具企业的道德敏感性 |
| 07 | 成长期、初创期、成熟期 | 自媒体的营销 |
| 08 | 成长期、初创期、成熟期 | 微商的道德问题 |
| 09 | 成熟期 | 电子产品对用户隐私的保护 |
| 10 | 成熟期、成长期 | 综合性跨国企业的经验总结 |
| 11 | 成长期、成熟期 | 互联网大厂间的竞争 |
| 12 | 成熟期、成长期、初创期 | 物流企业的道德敏感性 |
| 13 | 成长期、成熟期、初创期 | 教育行业 |
| 14 | 成熟期、成长期、初创期 | 科技金融公司 |
| 15 | 成熟期、成长期、初创期 | 制造行业 |

邀请两名主试对部分信息进行编码,检验案例分析的归类一致性(CA)。从三级编码后的四个主范畴中分别随机抽取一个范畴,共涵盖了38个初始概念,打乱下属概念和初始概念的顺序,向主试发放编码词典并进行统一的编码培训,选用 $CA = 2*S/(T1+T2)$ 作为归类一致性公式,选用 $R = (n*平均相互同意度)/(1+n*平均相互同意度)$ 作为编码信度系数R(董奇,2019)。两名主试的初始概念-范畴平均相互同意度为0.81,编码信度为0.71(详见表3-13)。

表 3-13  案例分析归类一致性统计表

| | 编码个数 | 完全一致 | | a-A | | a-AA | |
|---|---|---|---|---|---|---|---|
| | | 个数 | CA | 个数 | CA | 个数 | CA |
| 主试 1 | 35 | 29 | 0.79 | 30 | 0.82 | 30 | 0.82 |
| 主试 2 | 37 | 28 | 0.75 | 28 | 0.75 | 30 | 0.80 |
| 总体 | 72 | 57 | 0.77 | 58 | 0.78 | 60 | 0.81 |

*注：其中"完全一致"指将初始概念（a）归入概念（A）和范畴（AA）都与研究者一致；"a-A"表示将初始概念归入概念与研究者一致，概念不一定归入同一范畴；"a-AA"表示仅将初始概念归入范畴与研究者一致，不一定归入同一概念。

3. 访谈研究

采取方便抽样的方式，对 10 家创业公司共计 15 名成员进行了访谈。包括与访谈在内，先对 7 家创业公司的 10 位成员进行了访谈，编码后与前期文献、案例资料进行比对，又进行了 5 次补充访谈（受访者信息见表 3-14）。共访谈到 3 家初创期团队成员 3 名，4 家成长期团队成员 6 名，以及 3 家成熟期团队成员 6 名。在访谈法中，采用半结构型访谈的方式，进行 45 到 60 分钟的访谈。征得受访者同意后对访谈过程进行了录音。访谈内容包括基本信息、道德敏感性的变化和发展、道德敏感性在不同阶段对绩效的影响、道德建设建议四个方面。

表 3-14  创业团队受访者信息表

| 序号 | 性别 | 行业 | 职位 | 时期 | 团队成立年限 |
|---|---|---|---|---|---|
| 1 | 男 | 策划 | 创始人 | 成长期 | 4 年 |
| 2 | 男 | 服装 | 主理人、设计师 | 初创期 | 3 年 |
| 3 | 女 | 视频广告 | 创始人、财务 | 初创期 | 3 年 |
| 4 | 男 | 传媒 | 艺术总监 | 成长期 | 2 年 |
| 5 | 女 | 互联网 | HRBP | 成熟期 | 3 年 |

续表

| 序号 | 性别 | 行业 | 职位 | 时期 | 团队成立年限 |
|---|---|---|---|---|---|
| 6 | 女 | 互联网 | HR SSC | 成熟期 | 7年 |
| 7 | 男 | 药膳培训 | 主管 | 成长期 | 2年 |
| 8 | 女 | 药膳培训 | 讲师 | 成长期 | 2年 |
| 9 | 男 | 科技公司 | 深度学习 | 成熟期 | 5年 |
| 10 | 女 | 旅游搜索 | HR | 成熟期 | 14年 |
| 11 | 男 | 微商 | 主理人 | 初创期 | 1年 |
| 12 | 男 | 互联网 | 算法工程师 | 成熟期 | 3年 |
| 13 | 男 | 互联网 | 前端工程师 | 成熟期 | 3年 |
| 14 | 男 | 传媒 | 创始人 | 成长期 | 2年 |
| 15 | 女 | 餐饮 | 主理人 | 成长期 | 2年 |

与表3-14中一致，邀请相同的两名主试对部分访谈信息进行编码。抽取的四个范畴共涵盖了39个初始概念，随机排列初始概念、概念和、范畴和主范畴顺序后请主试进行编码。培训、公式和计算方式与3.14相同。两名主试的初始概念-范畴平均相互同意度为0.86，编码信度为0.72（详见表3-15）。

表3-15 访谈分析归类一致性统计表

| | 编码个数 | 完全一致 | | a-A | | a-AA | |
|---|---|---|---|---|---|---|---|
| | | 个数 | CA | 个数 | CA | 个数 | CA |
| 主试1 | 37 | 30 | 0.79 | 30 | 0.79 | 33 | 0.87 |
| 主试2 | 37 | 30 | 0.79 | 30 | 0.79 | 32 | 0.84 |
| 总体 | 74 | 60 | 0.79 | 60 | 0.79 | 65 | 0.86 |

*注：其中"完全一致"指将初始概念（a）归入概念（A）和范畴（AA）都与研究者一致；"a－A"表示将初始概念归入概念与研究者一致，概念不一定归入同一范畴；"a－AA"表示仅将初始概念归入范畴与研究者一致，不一定归入同一概念。

### 四、数据分析方法

量化数据分析部分，首先对各研究变量在不同创业阶段的平均数、标准差等进行了描述性统计分析，以及通过皮尔逊相关分析考察了不同时期理论模型中各研究变量间的相关程度；其次，对本研究中各创业阶段的中介效应和调节效应理论模型，结合回归分析和 Hayes（2013）开发的 process 插件进行了 Bootstrap 中介效应分析和调节作用分析；然后根据研究假设对各阶段道德敏感性对下一阶段绩效的间接影响进行分析，最后纳入所有阶段变量，进行结构方程模型分析，对不同阶段影响机制的纵向模型进行拟合分析。

基于扎根理论的质性分析方法要求研究者大量阅读现实资料，并在与这些资料的互动中动态分析，构建出最终的理论。Glaser 提出了扎根理论范式的三阶段分析法，通过开放式编码、主轴编码和选择性编码层层递进，对提取出的概念进行归纳对比和逻辑推演，探索概念间的类属关系和串联网络，科学化地分析得出理论架构（Glaser，1968）。质性研究部分，本研究采用了该三级编码的方式来处理案例和访谈资料。开放式编码需要从案例资料中捕捉大量初始信息，参考编码手册对这些零散的信息点进行命名，形成初始概念。然后对重复的初始概念进行合并，以经验分析和文献、案例阅读体悟为基础，将繁杂无章的初始概念进行组合。再从这些概念中过滤出信息单元，生成主题范畴。在主轴编码时，探寻孤立范畴之间的潜在联系，进一步完成信息归纳，提取道德建设对策的核心内容。在选择性编码时，对所构建的主范畴进行串联，以诠释"该阶段团队道德敏感性特征与绩效关系"这一核心范畴。选择性编码是一个故事搭建构成，要串联主范畴之间及各个主范畴与核心范畴的结构关系，得出理论构建框架的逻辑合理性。

不同时期道德敏感性对创业团队绩效影响机制的研究数据分析结果见本书第四章。

# 第四章

# 不同时期道德敏感性对创业团队绩效的影响机制

## 第一节 不同时期道德敏感性对团队绩效的直接影响

### 一、各研究变量的描述性统计分析

对本研究中涉及的量表变量青年创业团队道德敏感性、团队绩效、创业导向、道德氛围、道德压力、道德直觉、道德人格、道德传染效应和社会期许效应各变量的得分进行平均数、标准差等统计量分析,不同时期各变量的描述性统计分析结果见下表。

表4-1 各个研究变量的描述性统计分析

| 变量 | 创业阶段 | 最小值 | 最大值 | 平均数 | 标准差 |
| --- | --- | --- | --- | --- | --- |
| 道德敏感性 | 初创期 | 15.00 | 83.00 | 58.18 | 10.43 |
| | 成长期 | 30.00 | 84.00 | 61.02 | 9.58 |
| | 成熟期 | 18.00 | 84.00 | 64.36 | 11.86 |
| 惩罚倾向 | 初创期 | 4.00 | 21.00 | 15.26 | 2.85 |
| | 成长期 | 5.00 | 21.00 | 15.64 | 3.36 |
| | 成熟期 | 4.00 | 21.00 | 16.79 | 3.50 |

续表

| 变量 | 创业阶段 | 最小值 | 最大值 | 平均数 | 标准差 |
|---|---|---|---|---|---|
| 移情不安 | 初创期 | 4.00 | 21.00 | 14.50 | 3.31 |
|  | 成长期 | 6.00 | 21.00 | 15.42 | 2.96 |
|  | 成熟期 | 5.00 | 21.00 | 15.96 | 3.54 |
| 共感想象 | 初创期 | 3.00 | 21.00 | 14.95 | 3.19 |
|  | 成长期 | 7.00 | 21.00 | 15.64 | 3.05 |
|  | 成熟期 | 5.00 | 21.00 | 16.54 | 3.52 |
| 抗拒倾向 | 初创期 | 3.00 | 21.00 | 13.46 | 3.29 |
|  | 成长期 | 8.00 | 21.00 | 14.32 | 2.67 |
|  | 成熟期 | 4.00 | 21.00 | 15.07 | 3.40 |
| 团队绩效 | 初创期 | 61.00 | 130.00 | 98.71 | 14.50 |
|  | 成长期 | 61.00 | 130.00 | 100.66 | 14.79 |
|  | 成熟期 | 58.00 | 130.00 | 105.72 | 15.79 |
| 成长绩效 | 初创期 | 45.00 | 95.00 | 72.38 | 10.74 |
|  | 成长期 | 45.00 | 95.00 | 73.65 | 11.15 |
|  | 成熟期 | 43.00 | 95.00 | 77.69 | 11.38 |
| 任务绩效 | 初创期 | 14.00 | 35.00 | 26.32 | 4.22 |
|  | 成长期 | 16.00 | 35.00 | 27.01 | 4.24 |
|  | 成熟期 | 15.00 | 35.00 | 28.03 | 4.73 |
| 创业导向 | 初创期 | 9.00 | 50.00 | 31.52 | 8.36 |
|  | 成长期 | 9.00 | 53.00 | 29.40 | 7.62 |
|  | 成熟期 | 9.00 | 49.00 | 28.99 | 8.18 |
| 道德压力 | 初创期 | 2.00 | 20.00 | 12.84 | 2.94 |
|  | 成长期 | 6.00 | 20.00 | 13.02 | 2.98 |
|  | 成熟期 | 6.00 | 20.00 | 12.93 | 3.07 |

续表

| 变量 | 创业阶段 | 最小值 | 最大值 | 平均数 | 标准差 |
|---|---|---|---|---|---|
| 道德氛围 | 初创期 | 7.00 | 40.00 | 22.62 | 8.35 |
|  | 成长期 | 7.00 | 39.00 | 19.99 | 7.94 |
|  | 成熟期 | 7.00 | 38.00 | 17.20 | 8.63 |
| 道德直觉 | 初创期 | 24.00 | 61.00 | 40.34 | 7.85 |
|  | 成长期 | 17.00 | 58.00 | 41.54 | 7.62 |
|  | 成熟期 | 18.00 | 84.00 | 64.36 | 11.86 |
| 道德人格 | 初创期 | 31.00 | 84.00 | 60.25 | 8.57 |
|  | 成长期 | 31.00 | 84.00 | 60.25 | 8.57 |
|  | 成熟期 | 31.00 | 84.00 | 60.25 | 8.57 |
| 道德传染效应 | 初创期 | 6.00 | 38.00 | 23.75 | 6.47 |
|  | 成长期 | 6.00 | 38.00 | 22.44 | 6.33 |
|  | 成熟期 | 6.00 | 38.00 | 21.64 | 6.32 |
| 社会期许效应 | 初创期 | 113.00 | 208.00 | 148.03 | 19.82 |
|  | 成长期 | 113.00 | 208.00 | 148.03 | 19.82 |
|  | 成熟期 | 113.00 | 208.00 | 148.03 | 19.82 |

接下来，对不同时期模型假设中的各研究变量的相关程度进行了分析，结果分别见下表4-2、表4-3和表4-4。

表4-2 初创期青年创业团队道德敏感性和团队绩效的相关关系分析

|  | 道德敏感性 | 惩罚倾向 | 移情不安 | 共感想象 | 抗拒倾向 | 团队绩效 | 成长绩效 | 任务绩效 | 创业导向 | 道德压力 | 道德氛围 |
|---|---|---|---|---|---|---|---|---|---|---|---|
| 道德敏感性 | 1 |  |  |  |  |  |  |  |  |  |  |
| 惩罚倾向 | 0.820** | 1 |  |  |  |  |  |  |  |  |  |

续表

| | 道德敏感性 | 惩罚倾向 | 移情不安 | 共感想象 | 抗拒倾向 | 团队绩效 | 成长绩效 | 任务绩效 | 创业导向 | 道德压力 | 道德氛围 |
|---|---|---|---|---|---|---|---|---|---|---|---|
| 移情不安 | 0.844** | 0.571** | 1 | | | | | | | | |
| 共感想象 | 0.855** | 0.663** | 0.656** | 1 | | | | | | | |
| 抗拒倾向 | 0.781** | 0.516** | 0.537** | 0.504** | 1 | | | | | | |
| 团队绩效 | 0.583** | 0.464** | 0.439** | 0.582** | 0.438** | 1 | | | | | |
| 成长绩效 | 0.582** | 0.466** | 0.432** | 0.594** | 0.432** | 0.988** | 1 | | | | |
| 任务绩效 | 0.520** | 0.409** | 0.409** | 0.490** | 0.406** | 0.921** | 0.851** | 1 | | | |
| 创业导向 | 0.063 | 0.107 | 0.036 | 0.224* | 0.147 | 0.440** | 0.295** | 0.223* | 1 | | |
| 道德压力 | 0.420** | 0.401** | 0.319** | 0.446** | 0.229* | 0.473** | 0.424** | 0.322** | | 1 | |
| 道德氛围 | 0.482** | 0.436** | 0.460** | 0.523** | 0.181 | 0.495** | 0.481** | 0.367** | | | 1 |

注：$*p<0.05$，$**p<0.01$，$***p<0.001$．下同。

### 表4-3 成长期青年创业团队道德敏感性和团队绩效的相关关系分析

| | 道德敏感性 | 惩罚倾向 | 移情不安 | 共感想象 | 抗拒倾向 | 团队绩效 | 成长绩效 | 任务绩效 | 创业导向 | 道德压力 | 道德氛围 |
|---|---|---|---|---|---|---|---|---|---|---|---|
| 道德敏感性 | 1 | | | | | | | | | | |

续表

| | 道德敏感性 | 惩罚倾向 | 移情不安 | 共感想象 | 抗拒倾向 | 团队绩效 | 成长绩效 | 任务绩效 | 创业导向 | 道德压力 | 道德氛围 |
|---|---|---|---|---|---|---|---|---|---|---|---|
| 惩罚倾向 | 0.832** | 1 | | | | | | | | | |
| 移情不安 | 0.794** | 0.528** | 1 | | | | | | | | |
| 共感想象 | 0.838** | 0.592** | 0.606** | 1 | | | | | | | |
| 抗拒倾向 | 0.702** | 0.464** | 0.381** | 0.445** | 1 | | | | | | |
| 团队绩效 | 0.587** | 0.598** | 0.446** | 0.454** | 0.340** | 1 | | | | | |
| 成长绩效 | 0.608** | 0.615** | 0.466** | 0.472** | 0.353** | 0.986** | 1 | | | | |
| 任务绩效 | 0.446** | 0.468** | 0.330** | 0.340** | 0.256** | 0.895** | 0.807** | 1 | | | |
| 创业导向 | 0.152 | 0.221 | 0.029 | 0.187 | 0.023 | 0.294** | 0.287** | 0.269** | 1 | | |
| 道德压力 | 0.602** | 0.518** | 0.465** | 0.559** | 0.353** | 0.477** | 0.514** | 0.312** | | 1 | |
| 道德氛围 | 0.263** | 0.230* | 0.253* | 0.285** | 0.048 | 0.223* | 0.248* | 0.124 | | | 1 |

表4-4 成熟期青年创业团队道德敏感性和团队绩效的相关关系分析

| | 道德敏感性 | 惩罚倾向 | 移情不安 | 共感想象 | 抗拒倾向 | 团队绩效 | 成长绩效 | 任务绩效 | 创业导向 | 道德压力 | 道德氛围 |
|---|---|---|---|---|---|---|---|---|---|---|---|
| 道德敏感性 | 1 | | | | | | | | | | |
| 惩罚倾向 | 0.883** | 1 | | | | | | | | | |
| 移情不安 | 0.884** | 0.720** | 1 | | | | | | | | |
| 共感想象 | 0.879** | 0.725** | 0.759** | 1 | | | | | | | |
| 抗拒倾向 | 0.751** | 0.551** | 0.517** | 0.496** | 1 | | | | | | |
| 团队绩效 | 0.548** | 0.593** | 0.523** | 0.422** | 0.319** | 1 | | | | | |
| 成长绩效 | 0.543** | 0.584** | 0.524** | 0.417** | 0.316** | 0.992** | 1 | | | | |
| 任务绩效 | 0.522** | 0.574** | 0.487** | 0.406** | 0.304** | 0.951** | 0.903** | 1 | | | |
| 创业导向 | 0.117 | 0.274** | 0.070 | 0.074 | 0.022 | 0.349** | 0.326** | 0.381** | 1 | | |
| 道德压力 | 0.501** | 0.470** | 0.429** | 0.489** | 0.311** | 0.529** | 0.519** | 0.517** | 1 | | |
| 道德氛围 | 0.296** | 0.394** | 0.252** | 0.288* | 0.068 | 0.358** | 0.324** | 0.416** | | 1 | |

67

相关分析的结果表明，各研究变量间的相关均达到了统计学意义上的显著，呈显著正相关。接下来，采用回归分析检验了青年创业团队初创期、成长期和成熟期道德敏感性对团队绩效的影响，同时检验了三个时期道德敏感性及各个维度（共感想象、移情不安、惩罚倾向和抗拒倾向）对团队绩效及各个维度（成长绩效和任务绩效）的影响。此外，在分析时采用方差膨胀因子来检验解释变量之间是否存在多重共线性，回归分析的结果发现，青年创业团队初创期、成长期和成熟期的各个模型的 VIF 值均在 0-2 之间，说明各个解释变量之间不存在多重共线性。与此同时，本研究通过 DW 检验方法进行自相关检验，回归分析的结果发现，青年创业团队初创期、成长期和成熟期的各个模型的 DW 值均接近于 2，可以判定解释变量间无自相关性。

## 二、初创期青年创业团队道德敏感性对团队绩效影响的分析

首先采用分层回归分析，进行初创期青年创业团队道德敏感性队对团队绩效影响的检验，如表 4-5 所示。模型 1 和模型 2 都包含控制变量性别（Gen）、年龄（Age）、教育程度（Edu）和加入创业团队前从事相关行业工作的时间（Prev）对团队绩效的影响，模型 2 在模型 1 的基础上加入了自变量道德敏感性，检验道德敏感性对团队绩效的影响。从回归分析的结果可以发现，道德敏感性对团队绩效的回归系数为 0.533，$P < 0.001$，说明道德敏感性对团队绩效的影响是正向显著的，因此假设 H1 在初创期成立。

表 4-5 初创期道德敏感性对团队绩效的影响的检验

| 变量 | 团队绩效 ||
| --- | --- | --- |
| | 模型 1 | 模型 2 |
| Gen | -0.183 | -0.066 |
| Age | -0.021 | -0.134 |

续表

| 变量 | 团队绩效 | |
|---|---|---|
| | 模型1 | 模型2 |
| Edu | -0.092 | -0.016 |
| Prev | 0.294** | 0.224** |
| 道德敏感性 | | 0.553*** |
| $R^2$ | 0.134 | 0.391 |
| Adj. $R^2$ | 0.099 | 0.359 |
| F-change | 3.761** | 12.316*** |
| VIF 最大值 | 1.346 | 1.396 |
| DW 值 | 1.981 | 1.847 |

接下来，进行初创期青年创业团队道德敏感性各维度（共感想象、移情不安、惩罚倾向和抗拒倾向）对团队绩效影响的检验，如表4-6所示。模型1、模型2、模型3和模型4都包含控制变量性别（Gen）、年龄（Age）、教育程度（Edu）和加入创业团队前从事相关工作的时间（Prev）对团队绩效的影响，模型2、模型3、模型4和模型5在模型1的基础上分别加入了自变量共感想象、移情不安、惩罚倾向和抗拒倾向，分别检验共感想象、移情不安、惩罚倾向和抗拒倾向对团队绩效的影响。从回归分析的结果可以发现，共感想象对团队绩效的回归系数为0.580，P<0.001；移情不安对团队绩效的回归系数为0.417，P<0.001，惩罚倾向对团队绩效的回归系数为0.405，P<0.001，抗拒倾向对团队绩效的回归系数为0.364，P<0.001。由此说明，道德敏感性的四个方面，即共感想象、移情不安、惩罚倾向和抗拒倾向对团队绩效的影响均是正向显著的。

表4-6 初创期道德敏感性各维度对团队绩效的影响的检验

| 变量 | 团队绩效 ||||| 
|---|---|---|---|---|---|
| | 模型1 | 模型2 | 模型3 | 模型4 | 模型5 |
| Gen | -0.183 | -0.085 | -0.126 | -0.074 | -0.133 |
| Age | -0.021 | -0.155* | -0.090 | -0.091 | -0.060 |
| Edu | -0.092 | 0.026 | -0.027 | -0.051 | -0.095 |
| Prev | 0.294** | 0.263** | 0.305** | 0.24** | 0.2** |
| 共感想象 | | 0.580*** | | | |
| 移情不安 | | | 0.417*** | | |
| 惩罚倾向 | | | | 0.405*** | |
| 抗拒倾向 | | | | | 0.364*** |
| $R^2$ | 0.134 | 0.414 | 0.294 | 0.272 | 0.251 |
| Adj. $R^2$ | 0.099 | 0.384 | 0.257 | 0.234 | 0.212 |
| F-change | 3.761** | 13.575*** | 8.003*** | 7.178*** | 6.430*** |
| VIF最大值 | 1.346 | 1.410 | 1.376 | 1.382 | 1.359 |
| DW值 | 1.981 | 1.906 | 1.813 | 1.907 | 2.004 |

为了进一步探究初创期道德敏感性对团队绩效的影响机制，本研究又进行了初创期道德敏感性各维度（共感想象、移情不安、惩罚倾向和抗拒倾向）对团队绩效各维度（成长绩效和任务绩效）影响的检验。

首先考察共感想象、移情不安、惩罚倾向和抗拒倾向分别对成长绩效的影响，如表4-7所示。模型1包含控制变量性别（Gen）、年龄（Age）、教育程度（Edu）和加入创业团队前从事相关工作的时间（Prev）对成长绩效的影响，模型2、模型3、模型4和模型5在模型1的基础上分别加入了自变量共感想象、移情不安、惩罚倾向和抗拒倾向，分别检验共感想象、移情不安、惩罚倾向和抗拒倾向对成长绩效的影响。从回归分析的结果可以发现，共感想象对成长绩效的回归系数为0.581，

P<0.001；移情不安对成长绩效的回归系数为0.402，P<0.001，惩罚倾向对成长绩效的回归系数为0.392，P<0.001，抗拒倾向对成长绩效的回归系数为0.346，P<0.001。由此说明，初创期道德敏感性的四个方面，即共感想象、移情不安、惩罚倾向和抗拒倾向对成长绩效的影响均是正向显著的。

然后考察共感想象、移情不安、惩罚倾向和抗拒倾向分别对任务绩效的影响，如表4-7所示。模型6包含控制变量性别（Gen）、年龄（Age）、教育程度（Edu）和加入创业团队前从事相关工作的时间（Prev）对任务绩效的影响，模型7、模型8、模型9和模型10在模型6的基础上分别加入了自变量共感想象、移情不安、惩罚倾向和抗拒倾向，分别检验共感想象、移情不安、惩罚倾向和抗拒倾向对任务的影响。从回归分析的结果可以发现，共感想象对任务绩效的回归系数为0.517，P<0.001；移情不安对任务绩效的回归系数为0.412，P<0.001，惩罚倾向对任务绩效的回归系数为0.394，P<0.001，抗拒倾向对任务绩效的回归系数为0.369，P<0.001。由此说明，初创期共感想象、移情不安、惩罚倾向和抗拒倾向对任务绩效的影响均是正向显著的。

4-7 初创期道德敏感性各维度对团队绩效各维度影响的检验

| 变量 | 成长绩效 ||||| 任务绩效 |||||
|---|---|---|---|---|---|---|---|---|---|---|
| | 模型1 | 模型2 | 模型3 | 模型4 | 模型5 | 模型6 | 模型7 | 模型8 | 模型9 | 模型10 |
| Gen | -0.208* | -0.111 | -0.153* | -0.103 | -0.161* | -0.098 | -0.012 | -0.42 | 0.007 | -0.048 |
| Age | -0.005 | -0.139 | -0.072 | -0.073 | -0.043 | -0.058 | -0.177* | -0.126 | -0.127 | -0.098 |
| Edu | -0.096 | 0.023 | -0.033 | -0.056 | -0.098 | -0.073 | 0.033 | -0.008 | -0.032 | -0.075 |

续表

| 变量 | 成长绩效 |||||  任务绩效 |||||
|---|---|---|---|---|---|---|---|---|---|---|
|  | 模型1 | 模型2 | 模型3 | 模型4 | 模型5 | 模型6 | 模型7 | 模型8 | 模型9 | 模型10 |
| Prev | 0.302** | 0.271** | 0.312** | 0.250** | 0.212** | 0.242** | 0.214* | 0.253** | 0.190* | 0.146 |
| 共感想象 |  | 0.581*** |  |  |  |  | 0.517*** |  |  |  |
| 移情不安 |  |  | 0.402*** |  |  |  |  | 0.412*** |  |  |
| 惩罚倾向 |  |  |  | 0.392*** |  |  |  |  | 0.394*** |  |
| 抗拒倾向 |  |  |  |  | 0.346*** |  |  |  |  | 0.369*** |
| $R^2$ | 0.154 | 0.434 | 0.302 | 0.283 | 0.260 | 0.071 | 0.293 | 0.227 | 0.201 | 0.191 |
| Adj. $R^2$ | 0.119 | 0.405 | 0.266 | 0.246 | 0.221 | 0.033 | 0.256 | 0.187 | 0.160 | 0.149 |
| F-change | 4.421** | 14.750** | 8.319*** | 7.592*** | 6.740*** | 1.849 | 7.942*** | 5.633*** | 4.839*** | 4.527*** |
| VIF最大值 | 1.346 | 1.410 | 1.376 | 1.382 | 1.359 | 1.346 | 1.410 | 1.376 | 1.382 | 1.359 |
| DW值 | 1.930 | 1.857 | 1.746 | 1.865 | 1.960 | 2.009 | 1.918 | 1.906 | 1.918 | 1.997 |

## 三、成长期青年创业团队道德敏感性对团队绩效影响的分析

采用分层回归的分析，进行成长期青年创业团队道德敏感性对团队绩效影响的检验，如表4-8所示。模型1和模型2都包含控制变量性别

（Gen）、年龄（Age）、教育程度（Edu）和加入创业团队前从事相关工作的时间（Prev）对团队绩效的影响，模型2在模型1的基础上加入了自变量道德敏感性，检验道德敏感性对团队绩效的影响。从回归分析的结果可以发现，道德敏感性对团队绩效的回归系数为0.586，P＜0.001，说明道德敏感性对团队绩效的影响是正向显著的，因此假设H1在成长期也是成立的。

表4-8 成长期道德敏感性对团队绩效的影响的检验

| 变量 | 团队绩效 模型1 | 团队绩效 模型2 |
| --- | --- | --- |
| Gen | -0.059 | 0.006 |
| Age | 0.082 | -0.016 |
| Edu | -0.065 | 0.088 |
| Prev | 0.226** | 0.172* |
| 道德敏感性 |  | 0.586*** |
| $R^2$ | 0.089 | 0.375 |
| Adj. $R^2$ | 0.052 | 0.342 |
| F-change | 2.375* | 11.522*** |
| VIF最大值 | 1.346 | 1.380 |
| DW值 | 1.904 | 1.751 |

接下来，进行成长期青年创业团队道德敏感性各维度（共感想象、移情不安、惩罚倾向和抗拒倾向）对团队绩效影响的检验，如表4-9所示。模型1、模型2、模型3和模型4都包含控制变量性别（Gen）、年龄（Age）、教育程度（Edu）和加入创业团队前从事相关工作的时间（Prev）对团队绩效的影响，模型2、模型3、模型4和模型5在模型1的基础上分别加入了自变量共感想象、移情不安、惩罚倾向和抗拒倾向，

分别检验共感想象、移情不安、惩罚倾向和抗拒倾向对团队绩效的影响。从回归分析的结果可以发现，共感想象对团队绩效的回归系数为0.485，$P<0.001$；移情不安对团队绩效的回归系数为0.435，$P<0.001$，惩罚倾向对团队绩效的回归系数为0.571，$P<0.001$，抗拒倾向对团队绩效的回归系数为0.280，$P<0.01$。由此说明，成长期共感想象、移情不安、惩罚倾向和抗拒倾向对团队绩效的影响均是正向显著的。

表4-9 成长期道德敏感性各维度对团队绩效的影响的检验

| 变量 | 团队绩效 ||||| 
|---|---|---|---|---|---|
| | 模型1 | 模型2 | 模型3 | 模型4 | 模型5 |
| Gen | -0.059 | 0.008 | 0.011 | -0.054 | -0.045 |
| Age | 0.082 | 0.003 | 0.011 | 0.032 | 0.048 |
| Edu | -0.065 | 0.143 | 0.061 | -0.019 | -0.059 |
| Prev | 0.226** | 0.205** | 0.220** | 0.193 | 0.172* |
| 共感想象 | | 0.485*** | | | |
| 移情不安 | | | 0.435*** | | |
| 惩罚倾向 | | | | 0.571*** | |
| 抗拒倾向 | | | | | 0.280** |
| $R^2$ | 0.089 | 0.256 | 0.247 | 0.405 | 0.161 |
| Adj. $R^2$ | 0.052 | 0.217 | 0.207 | 0.374 | 0.118 |
| F-change | 2.375* | 6.602*** | 6.286*** | 13.086*** | 3.697** |
| VIF最大值 | 1.346 | 1.481 | 1.378 | 1.354 | 1.362 |
| DW值 | 1.904 | 1.879 | 1.824 | 1.735 | 1.889 |

为了进一步探究成长期道德敏感性对团队绩效的影响机制，本研究进行了成长期道德敏感性各维度（共感想象、移情不安、惩罚倾向和抗拒倾向）对团队绩效各维度（成长绩效和任务绩效）影响的检验。

首先考察共感想象、移情不安、惩罚倾向和抗拒倾向分别对成长绩效的影响，如表4-10所示。模型1包含控制变量性别（Gen）、年龄（Age）、教育程度（Edu）和加入创业团队前从事相关工作的时间（Prev）对成长绩效的影响，模型2、模型3、模型4和模型5在模型1的基础上分别加入了自变量共感想象、移情不安、惩罚倾向和抗拒倾向，分别检验共感想象、移情不安、惩罚倾向和抗拒倾向对成长绩效的影响。从回归分析的结果可以发现，共感想象对成长绩效的回归系数为0.496，$P<0.001$；移情不安对成长绩效的回归系数为0.448，$P<0.001$，惩罚倾向对成长绩效的回归系数为0.585，$P<0.001$，抗拒倾向对成长绩效的回归系数为0.289，$P<0.05$。由此说明，成长期共感想象、移情不安、惩罚倾向和抗拒倾向对成长绩效的影响均是正向显著的。

然后考察共感想象、移情不安、惩罚倾向和抗拒倾向分别对任务绩效的影响，如表4-10所示。模型6包含控制变量性别（Gen）、年龄（Age）、教育程度（Edu）和加入创业团队前从事相关工作的时间（Prev）对任务绩效的影响，模型7、模型8、模型9和模型10在模型6的基础上分别加入了自变量共感想象、移情不安、惩罚倾向和抗拒倾向，分别检验共感想象、移情不安、惩罚倾向和抗拒倾向对任务的影响。从回归分析的结果可以发现，共感想象对任务绩效的回归系数为0.386，$P<0.001$；移情不安对任务绩效的回归系数为0.341，$P<0.001$，惩罚倾向对任务绩效的回归系数为0.451，$P<0.001$，抗拒倾向对任务绩效的回归系数为0.214，$P<0.05$。由此说明，在成长期，共感想象、移情不安、惩罚倾向和抗拒倾向对任务绩效的影响均是正向显著的。

表4-10 成长期道德敏感性各维度对团队绩效各维度影响的检验

| 变量 | 成长绩效 ||||| 任务绩效 |||||
|---|---|---|---|---|---|---|---|---|---|---|
| | 模型1 | 模型2 | 模型3 | 模型4 | 模型5 | 模型6 | 模型7 | 模型8 | 模型9 | 模型10 |
| Gen | -0.084 | -0.015 | -0.012 | -0.079 | -0.069 | 0.014 | 0.067 | 0.069 | 0.018 | 0.025 |

续表

| 变量 | 成长绩效 |  |  |  |  | 任务绩效 |  |  |  |  |
|---|---|---|---|---|---|---|---|---|---|---|
|  | 模型1 | 模型2 | 模型3 | 模型4 | 模型5 | 模型6 | 模型7 | 模型8 | 模型9 | 模型10 |
| Age | 0.104 | 0.022 | 0.030 | 0.053 | 0.068 | 0.014 | −0.050 | −0.042 | −0.026 | −0.012 |
| Edu | −0.070 | 0.144 | 0.061 | −0.022 | −0.063 | −0.045 | 0.121 | 0.054 | −0.008 | −0.040 |
| Prev | 0.219** | 0.198** | 0.213** | 0.186** | 0.163 | 0.212* | 0.196* | 0.208** | 0.187* | 0.171 |
| 共感想象 |  | 0.496*** |  |  |  |  | 0.386*** |  |  |  |
| 移情不安 |  |  | 0.448*** |  |  |  |  | 0.341*** |  |  |
| 惩罚倾向 |  |  |  | 0.585*** |  |  |  |  | 0.451*** |  |
| 抗拒倾向 |  |  |  |  | 0.289** |  |  |  |  | 0.214** |
| $R^2$ | 0.098 | 0.273 | 0.265 | 0.431 | 0.176 | 0.054 | 0.159 | 0.150 | 0.252 | 0.096 |
| Adj. $R^2$ | 0.061 | 0.235 | 0.227 | 0.401 | 0.133 | 0.015 | 0.116 | 0.106 | 0.213 | 0.049 |
| F-change | 2.649** | 7.212*** | 6.921*** | 14.526*** | 4.096** | 1.381 | 3.639** | 3.398** | 6.457*** | 2.045* |
| VIF最大值 | 1.346 | 1.481 | 1,378 | 1.356 | 1.362 | 1.346 | 1.481 | 1.378 | 1.354 | 1.362 |
| DW值 | 1.822 | 1.814 | 1.743 | 1.684 | 1.824 | 2.101 | 2.042 | 2.034 | 1.920 | 2.054 |

## 四、成熟期青年创业团队道德敏感性对团队绩效的假设检验

采用分层回归分析,进行成熟期青年创业团队道德敏感性对团队绩效影响的检验,如表4-11所示。模型1和模型2都包含控制变量性别(Gen)、年龄(Age)、教育程度(Edu)和加入创业团队前从事相关工作的时间(Prev)对团队绩效的影响,模型2在模型1的基础上加入了自变量道德敏感性,检验道德敏感性对团队绩效的影响。从回归分析的结果可以发现,道德敏感性对团队绩效的回归系数为0.624,P<0.001,说明道德敏感性对团队绩效的影响是正向显著的,因此假设H1在成熟期也是成立的。

表4-11 成熟期道德敏感性对团队绩效的影响的检验

| 变量 | 团队绩效 | |
| --- | --- | --- |
| | 模型1 | 模型2 |
| Gen | -0.160 | -0.150* |
| Age | 0.016 | -0.192* |
| Edu | -0.166 | 0.014 |
| Prev | 0.101 | 0.145 |
| 道德敏感性 | | 0.624*** |
| $R^2$ | 0.069 | 0.361 |
| Adj. $R^2$ | 0.031 | 0.327 |
| F-change | 1.810 | 10.824*** |
| VIF最大值 | 1.346 | 1.494 |
| DW值 | 2.087 | 2.354 |

接下来，进行成熟期青年创业团队道德敏感性各维度（共感想象、移情不安、惩罚倾向和抗拒倾向）对团队绩效影响的检验，如表4－12所示。模型1、模型2、模型3和模型4都包含控制变量性别（Gen）、年龄（Age）、教育程度（Edu）和加入创业团队前从事相关工作的时间（Prev）对团队绩效的影响，模型2、模型3、模型4和模型5在模型1的基础上分别加入了自变量共感想象、移情不安、惩罚倾向和抗拒倾向，分别检验共感想象、移情不安、惩罚倾向和抗拒倾向对团队绩效的影响。从回归分析的结果可以发现，共感想象对团队绩效的回归系数为0.466，P<0.001；移情不安对团队绩效的回归系数为0.559，P<0.001，惩罚倾向对团队绩效的回归系数为0.634，P<0.001，抗拒倾向对团队绩效的回归系数为0.328，P<0.001。由此说明，在创业成熟期，共感想象、移情不安、惩罚倾向和抗拒倾向对团队绩效的影响均是正向显著的。

表4－12　成熟期道德敏感性各维度对团队绩效的影响的检验

| 变量 | 团队绩效 ||||| 
|---|---|---|---|---|---|
| | 模型1 | 模型2 | 模型3 | 模型4 | 模型5 |
| Gen | －0.160 | －0.137 | －0.137 | －0.159** | －0.172* |
| Age | 0.016 | －0.101 | －0.140 | －0.146 | －0.099 |
| Edu | －0.166 | 0.034 | －0.013 | －0.006 | －0.161 |
| Prev | 0.101 | 0.127 | 0.152* | 0.128 | 0.116 |
| 共感想象 | | 0.466*** | | | |
| 移情不安 | | | 0.559*** | | |
| 惩罚倾向 | | | | 0.634*** | |
| 抗拒倾向 | | | | | 0.328*** |
| $R^2$ | 0.069 | 0.218 | 0.321 | 0.403 | 0.164 |
| Adj. $R^2$ | 0.031 | 0.177 | 0.286 | 0.372 | 0.121 |

续表

| 变量 | 团队绩效 | | | | |
|---|---|---|---|---|---|
| | 模型1 | 模型2 | 模型3 | 模型4 | 模型5 |
| F-change | 1.810 | 5.353*** | 9.082*** | 12.950*** | 3.773** |
| VIF最大值 | 1.346 | 1.491 | 1.442 | 1.425 | 1.483 |
| DW值 | 2.087 | 2.187 | 2.165 | 2.443 | 2.329 |

为了进一步探究成熟期道德敏感性对团队绩效的影响机制，本研究进行了成熟期道德敏感性各维度（共感想象、移情不安、惩罚倾向和抗拒倾向）对团队绩效各维度（成长绩效和任务绩效）影响的检验。

首先考察共感想象、移情不安、惩罚倾向和抗拒倾向分别对成长绩效的影响，如表4-13所示。模型1包含控制变量性别（Gen）、年龄（Age）、教育程度（Edu）和加入创业团队前从事相关工作的时间（Prev）对成长绩效的影响，模型2、模型3、模型4和模型5在模型1的基础上分别加入了自变量共感想象、移情不安、惩罚倾向和抗拒倾向，分别检验共感想象、移情不安、惩罚倾向和抗拒倾向对成长绩效的影响。从回归分析的结果可以发现，共感想象对成长绩效的回归系数为0.457，$P<0.001$；移情不安对成长绩效的回归系数为0.558，$P<0.001$，惩罚倾向对成长绩效的回归系数为0.623，$P<0.001$，抗拒倾向对成长绩效的回归系数为0.325，$P<0.01$。由此说明，在成熟期，共感想象、移情不安、惩罚倾向和抗拒倾向对成长绩效的影响均是正向显著的。

然后考察共感想象、移情不安、惩罚倾向和抗拒倾向分别对任务绩效的影响，如表4-13所示。模型6包含控制变量性别（Gen）、年龄（Age）、教育程度（Edu）和加入创业团队前从事相关工作的时间（Prev）对任务绩效的影响，模型7、模型8、模型9和模型10在模型6的基础上分别加入了自变量共感想象、移情不安、惩罚倾向和抗拒倾向，分别检验共感想象、移情不安、惩罚倾向和抗拒倾向对任务的影响。从回归分析的结果可以发现，共感想象对任务绩效的回归系数为0.457，$P<0.001$；移情不安对任务绩效的回归系数为0.522，$P<0.001$，惩罚倾

向对任务绩效的回归系数为 0.618，P<0.001，抗拒倾向对任务绩效的回归系数为 0.314，P<0.05。由此说明，在成熟期，共感想象、移情不安、惩罚倾向和抗拒倾向对任务绩效的影响均是正向显著的。

表 4-13　成熟期道德敏感性各维度对团队绩效各维度影响的检验

| 变量 | 成长绩效 ||||| 任务绩效 |||||
|---|---|---|---|---|---|---|---|---|---|---|
| | 模型1 | 模型2 | 模型3 | 模型4 | 模型5 | 模型6 | 模型7 | 模型8 | 模型9 | 模型10 |
| Gen | -0.166* | -0.144 | -0.143* | -0.166** | -0.178* | -0.134 | -0.111 | -0.112 | -0.133 | -0.145 |
| Age | 0.017 | -0.098 | -0.139 | -0.142 | -0.096 | 0.012 | -0.103 | -0.134 | -0.146 | -0.098 |
| Edu | -0.168 | 0.029 | -0.014 | -0.011 | -0.162 | -0.152 | 0.044 | -0.008 | 0.004 | -0.147 |
| Prev | 0.100 | 0.126 | 0.151 | 0.127 | 0.115 | 0.096 | 0.122 | 0.143 | 0.122 | 0.111 |
| 共感想象 | | 0.457*** | | | | | 0.457*** | | | |
| 移情不安 | | | 0.558*** | | | | | 0.522*** | | |
| 惩罚倾向 | | | | 0.623*** | | | | | 0.618*** | |
| 抗拒倾向 | | | | | 0.325** | | | | | 0.314** |
| $R^2$ | 0.072 | 0.215 | 0.323 | 0.393 | 0.165 | 0.055 | 0.198 | 0.275 | 0.372 | 0.142 |

续表

| 变量 | 成长绩效 |  |  |  |  | 任务绩效 |  |  |  |  |
|---|---|---|---|---|---|---|---|---|---|---|
| | 模型1 | 模型2 | 模型3 | 模型4 | 模型5 | 模型6 | 模型7 | 模型8 | 模型9 | 模型10 |
| Adj. $R^2$ | 0.034 | 0.174 | 0.288 | 0.362 | 0.121 | 0.016 | 0.156 | 0.237 | 0.339 | 0.097 |
| F-change | 1.878 | 5.246*** | 9.159*** | 12.446*** | 3.785** | 1.415 | 4.725*** | 7.269*** | 11.358** | 3.175** |
| VIF最大值 | 1.346 | 1.491 | 1.442 | 1.425 | 1.483 | 1.346 | 1.491 | 1.442 | 1.425 | 1.483 |
| DW值 | 2.066 | 2.189 | 2.142 | 2.420 | 2.315 | 2.157 | 2.189 | 2.229 | 2.450 | 2.348 |

## 五、青年创业团队道德敏感性对团队绩效的纵向影响

首先，检验初创期道德敏感性对成长期团队绩效的延时影响，然后分别检验初创期道德敏感性的各子维度对成长期团队绩效、任务绩效和成长绩效的延时影响（见表4-14），结果发现各参数值均达到显著性水平。

### 表4-14 初创期道德敏感性各维度对成长期团队绩效各维度影响的检验

| 变量 | 回归系数 | p值 | $R^2$ |
|---|---|---|---|
| 对成长期团队绩效的回归 ||||
| 道德敏感性 | 0.77 | 0.000 | 0.29 |
| 共感想象 | 2.54 | 0.000 | 0.31 |
| 移情不安 | 1.96 | 0.000 | 0.19 |
| 惩罚倾向 | 2.49 | 0.000 | 0.24 |
| 抗拒倾向 | 1.39 | 0.001 | 0.10 |

续表

| 变量 | 回归系数 | p 值 | $R^2$ |
|---|---|---|---|
| 对成长期团队任务绩效的回归 ||||
| 共感想象 | 0.54 | 0.000 | 0.16 |
| 移情不安 | 0.53 | 0.000 | 0.17 |
| 惩罚倾向 | 0.60 | 0.000 | 0.16 |
| 抗拒倾向 | 0.37 | 0.003 | 0.08 |
| 对成长期团队成长绩效的回归 ||||
| 共感想象 | 2.00 | 0.000 | 0.34 |
| 移情不安 | 1.42 | 0.000 | 0.18 |
| 惩罚倾向 | 1.90 | 0.000 | 0.24 |
| 抗拒倾向 | 1.02 | 0.002 | 0.09 |

然后检验成长期道德敏感性对成熟期团队绩效的延时影响，进而分别检验成长期道德敏感性的各子维度对成熟期团队绩效、任务绩效和成长绩效的延时影响（见表4-15），各回归路径系数均达到显著性水平。

表4-15 成长期道德敏感性各维度对成熟期团队绩效各维度影响的检验

| 变量 | 回归系数 | p 值 | $R^2$ |
|---|---|---|---|
| 对成熟期团队绩效的回归 ||||
| 道德敏感性 | 0.95 | 0.000 | 0.33 |
| 共感想象 | 2.29 | 0.000 | 0.20 |
| 移情不安 | 2.59 | 0.000 | 0.24 |
| 惩罚倾向 | 2.78 | 0.000 | 0.35 |
| 抗拒倾向 | 1.57 | 0.005 | 0.07 |

续表

| 变量 | 回归系数 | p 值 | $R^2$ |
|---|---|---|---|
| 对成熟期团队任务绩效的回归 ||||
| 共感想象 | 0.59 | 0.000 | 0.14 |
| 移情不安 | 0.70 | 0.000 | 0.19 |
| 惩罚倾向 | 0.76 | 0.000 | 0.29 |
| 抗拒倾向 | 0.39 | 0.022 | 0.05 |
| 对成熟期团队成长绩效的回归 ||||
| 共感想象 | 1.71 | 0.000 | 0.22 |
| 移情不安 | 1.89 | 0.000 | 0.24 |
| 惩罚倾向 | 2.02 | 0.000 | 0.36 |
| 抗拒倾向 | 1.18 | 0.004 | 0.08 |

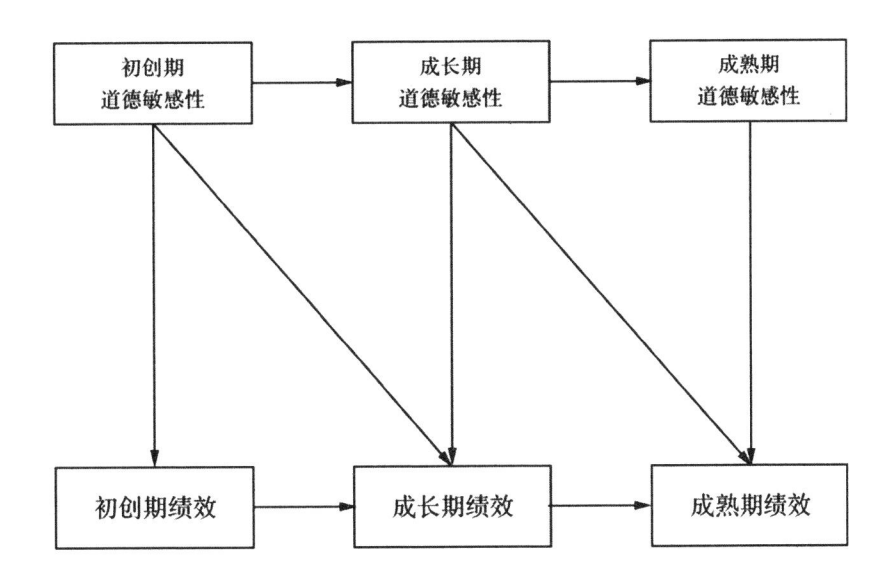

图 4-1 道德敏感性对团队绩效的纵向影响模型

通过结构方程模型分析,考察道德敏感性对团队绩效的纵向影响,检验变量各维度的纵向模型拟合情况。分析结果表明,大多数模型拟合情况良好,虽然移情不安维度对成长绩效纵向影响模型拟合指标中,RMSEA值不理想(RMSEA = 1.120),但 GFI、CFI、TFL、NFI 等指标均大于 0.9。因此道德敏感性对团队绩效的延时影响假设基本成立,得到了大部分数据支持。

表4-16 道德敏感性及各维度对团队绩效的延时影响模型拟合情况

| 自变量 | 因变量 | RMSEA | GFI | CFI | TFL | NFI | $x/df$ |
| --- | --- | --- | --- | --- | --- | --- | --- |
| 道德敏感性 | 团队绩效 | 0.09 | 0.96 | 0.99 | 0.97 | 0.97 | 1.93 |
| 共感想象 | 团队绩效 | 0.04 | 0.98 | 1.00 | 0.99 | 0.98 | 1.15 |
| 共感想象 | 任务绩效 | 0.00 | 0.98 | 1.00 | 1.00 | 0.98 | 0.95 |
| 共感想象 | 成长绩效 | 0.08 | 0.97 | 0.99 | 0.97 | 0.97 | 1.74 |
| 移情不安 | 团队绩效 | 0.09 | 0.97 | 0.99 | 0.96 | 0.97 | 1.88 |
| 移情不安 | 任务绩效 | 0.09 | 0.97 | 0.99 | 0.96 | 0.97 | 1.78 |
| 移情不安 | 成长绩效 | 1.12 | 0.96 | 0.98 | 0.94 | 0.96 | 2.49 |
| 惩罚倾向 | 团队绩效 | 0.08 | 0.97 | 0.99 | 0.97 | 0.97 | 1.66 |
| 惩罚倾向 | 任务绩效 | 0.07 | 0.97 | 0.99 | 0.98 | 0.97 | 1.45 |
| 惩罚倾向 | 成长绩效 | 0.10 | 0.96 | 0.98 | 0.96 | 0.97 | 2.05 |
| 抗拒倾向 | 团队绩效 | 0.00 | 0.99 | 1.00 | 1.00 | 0.99 | 0.80 |
| 抗拒倾向 | 任务绩效 | 0.08 | 0.98 | 0.99 | 0.97 | 0.98 | 1.63 |
| 抗拒倾向 | 成长绩效 | 0.00 | 0.99 | 1.00 | 1.00 | 0.99 | 0.71 |

## 第二节 不同时期道德敏感性对团队绩效的间接影响

在前面的检验分析中，已经证实了在青年创业团队初创期、成长期和成熟期三个阶段，青年创业团队道德敏感性对团队绩效的影响显著，且青年创业团队道德敏感性的各维度（共感想象、移情不安、惩罚倾向和抗拒倾向）对团队绩效的各维度（成长绩效和任务绩效）影响正向显著。为了探究其中的影响机制，本研究在假设部分分别提出了创业导向、道德氛围、道德压力的中介作用，以及道德直觉、道德人格、道德传染效应和社会期许效应的调节作用，接下来将通过逐步回归法和 Bootstrap 法对以上假设进行检验。

### 一、不同时期创业导向、道德氛围、道德压力的中介作用

（一）初创期青年创业团队创业导向在道德敏感性和团队绩效间的中介作用

首先通过逐步回归分析的方法对初创期青年创业团队创业导向在道德敏感性和团队绩效间的中介作用进行检验。模型 1 和模型 2 都包含控制变量性别（Gen）、年龄（Age）、教育程度（Edu）和加入创业团队前从事相关工作的时间（Prev）对道德氛围影响，模型 2 在模型 1 的基础上加入了自变量道德敏感性，检验道德敏感性对创业导向的影响，从回归分析的结果可以发现，道德敏感性对创业导向的回归系数为 0.363，$P > 0.05$，说明道德敏感性对创业导向的影响不显著，即中介效应的路径 a 不显著。接下来用 Hayes（2013）的 process 插件对中介作用进行检验，在插件中选取 Model 4，以初创期青年创业团队道德敏感性为自变量、团队绩效为因变量、创业导向为中介变量，在控制性别（Gen）、年龄（Age）、教育程度（Edu）和加入创业团队前从事相关工作的时间

(Prev) 的条件下进行抽样5000次的Bootstrap分析,查看均值分布置信区间95%的上下限的区间是否包含0。从分析的结果可以发现,间接效应的置信区间为[-0.0716,0.1659],包含0,说明初创期青年创业团队创业导向在道德敏感性和团队绩效间不存在中介作用,因此假设H2在初创期不成立。

(二) 成长期青年创业团队创业导向在道德敏感性和团队绩效间的中介作用

首先通过逐步回归分析的方法对成长期青年创业团队创业导向在道德敏感性和团队绩效间的中介作用进行检验。模型1和模型2都包含控制变量性别(Gen)、年龄(Age)、教育程度(Edu)和加入创业团队前从事相关工作的时间(Prev)对道德氛围影响,模型2在模型1的基础上加入了自变量道德敏感性,检验道德敏感性对创业导向的影响,从回归分析的结果可以发现,道德敏感性对创业导向的回归系数为0.175,$P > 0.05$,说明道德敏感性对创业导向的影响不显著,即中介效应的路径a不显著。接下来用Hayes(2013)的process插件对中介作用进行检验,在插件中选取Model 4,以成长期青年创业团队道德敏感性为自变量、团队绩效为因变量、创业导向为中介变量,在控制性别(Gen)、年龄(Age)、教育程度(Edu)和加入创业团队前从事相关工作的时间(Prev)的条件下进行抽样5000次的Bootstrap分析,查看均值分布置信区间95%的上下限的区间是否包含0。从分析的结果可以发现,间接效应的置信区间为[-0.0225,0.2972],包含0,说明成长期青年创业团队创业导向在道德敏感性和团队绩效间的中介作用不显著。

(三) 成熟期青年创业团队创业导向在道德敏感性和团队绩效间的中介作用

首先通过逐步回归分析的方法对成熟期青年创业团队创业导向在道德敏感性和团队绩效间的中介作用进行检验。模型1和模型2都包含控制变量性别(Gen)、年龄(Age)、教育程度(Edu)和加入创业团队前从事相关工作的时间（Prev）对道德氛围影响，模型2在模型1的基础上加入了自变量道德敏感性，检验道德敏感性对创业导向的影响，从回归分析的结果可以发现，道德敏感性对创业导向的回归系数为0.019，显著性水平P>0.05，说明道德敏感性对创业导向的影响不显著，即中介效应的路径a不显著。接下来再用Hayes（2013）的process插件对中介作用进行分析，在插件中选取Model 4，以成熟期青年创业团队道德敏感性为自变量、团队绩效为因变量、创业导向为中介变量，在控制性别（Gen）、年龄（Age）、教育程度（Edu）和加入创业团队前从事相关工作的时间（Prev）的条件下进行抽样5000次的Bootstrap分析，查看均值分布置信区间95%的上下限的区间是否包含0。从分析的结果可以发现，间接效应的置信区间为[-0.1288, 0.1922]，包含0，说明成熟期青年创业团队创业导向在道德敏感性和团队绩效间不存在中介作用，因此假设H2不成立。

（四）初创期青年创业团队道德氛围在道德敏感性和团队绩效间的中介作用

首先通过逐步回归分析的方法对初创期青年创业团队道德氛围在道德敏感性和团队绩效间的中介作用进行检验。如下表所示，模型1和模型2都包含控制变量性别（Gen）、年龄（Age）、教育程度（Edu）和加入创业团队前从事相关工作的时间（Prev）对道德氛围影响，模型2在模型1的基础上加入了自变量道德敏感性，检验道德敏感性对道德氛围的影响，从回归分析的结果可以发现，道德敏感性对道德氛围的回归系数为0.363，显著性水平$P<0.001$，说明道德敏感性对道德氛围的影响是正向显著的，即中介效应的路径a显著。模型3以团队绩效为因变量，同时以道德敏感性和道德氛围为自变量，从回归分析的结果可以发现，道德氛围对团队绩效的回归系数为0.253，$P<0.01$，说明道德氛围对团队绩效的影响是正向显著的，即中介效应的路径b显著；与此同时，道德敏感性对团队绩效的回归系数为0.462，显著性水平$p<0.001$，说明道德

敏感性对团队绩效的影响是正向显著的,即直接效应 c' 显著。基于以上分析,初创期青年创业团队道德氛围在道德敏感性和团队绩效间起到中介作用,因此初创期假设 H3 成立。

表 4-17 初创期道德氛围的中介效应检验

| 变量 | 道德氛围 模型 1 | 道德氛围 模型 2 | 团队绩效 模型 3 |
| --- | --- | --- | --- |
| Gen | -0.124 | -0.047 | -0.054 |
| Age | 0.235** | 0.161 | -0.175 |
| Edu | -0.215** | -0.165* | 0.026 |
| Prev | 0.153 | 0.107 | 0.197** |
| 道德敏感性 |  | 0.363*** | 0.462*** |
| 道德氛围 |  |  | 0.253** |
| $R^2$ | 0.215 | 0.325 | 0.434 |
| Adj. $R^2$ | 0.183 | 0.290 | 0.398 |
| F-change | 6.639*** | 9.247*** | 12.132*** |
| VIF 最大值 | 1.346 | 1.396 | 1.482 |
| DW 值 | 1.949 | 1.863 | 1.828 |

接下来在 Hayes(2013)的 process 插件中选取 Model 4,以初创期青年创业团队道德敏感性为自变量、团队绩效为因变量、道德氛围为中介变量,在控制性别(Gen)、年龄(Age)、教育程度(Edu)和加入创业团队前从事相关行业工作的时间(Prev)的条件下进行抽样 5000 次的 Bootstrap 分析,查看均值分布置信区间 95% 的上下限的区间是否包含 0。从分析的结果表 4-18 可以发现,总效应的置信区间为 [0.5291, 1.0095],不包含 0,说明青年创业团队道德敏感性对团队绩效的总效应显著;直接效应的置信区间为 [0.3909, 0.8931],不包含 0,说明青年

创业团队道德敏感性对团队绩效的直接效应显著；间接效应的置信区间为 [0.0406, 0.3055]，不包含 0，说明青年创业团队道德氛围在道德敏感性和团队绩效间起到中介作用。假设 H3 再次得到了验证。

表 4-18 初创期青年创业团队道德氛围在道德敏感性和团队绩效间中介效应的 Bootstrap 分析

| 路径 | Effect | LLCI | ULCI |
| --- | --- | --- | --- |
| 总效应（道德敏感性→团队绩效） | 0.7693 | 0.5291 | 1.0095 |
| 直接效应（道德敏感性→团队绩效） | 0.6420 | 0.3909 | 0.8931 |
| 间接效应（道德敏感性→道德氛围→团队绩效） | 0.1273 | 0.0406 | 0.3055 |

## （五）成长期青年创业团队道德氛围在道德敏感性和团队绩效间的中介作用

首先通过逐步回归分析的方法对成长期青年创业团队道德氛围在道德敏感性和团队绩效间的中介作用进行检验。如表 4-19 所示，模型 1 和模型 2 都包含控制变量性别（Gen）、年龄（Age）、教育程度（Edu）和加入创业团队前从事相关工作的时间（Prev）对道德氛围影响，模型 2 在模型 1 的基础上加入了自变量道德敏感性，检验道德敏感性对道德氛围的影响，从回归分析的结果可以发现，道德敏感性对道德氛围的回归系数为 0.335，$P<0.01$，说明道德敏感性对道德氛围的影响是正向显著的，即中介效应的路径 a 显著。模型 3 以团队绩效为因变量，同时以道德敏感性和道德氛围为自变量，从回归分析的结果可以发现，道德氛围对团队绩效的回归系数为 0.418，$P<0.001$，说明道德氛围对团队绩效的影响是正向显著的，即中介效应的路径 b 显著；与此同时，道德敏感性对团队绩效的回归系数为 0.446，$p<0.001$，说明道德敏感性对团队绩效的影响是正向显著的，即直接效应 c' 显著。基于以上分析，成长期青年创业团队道德氛围在道德敏感性和团队绩效间起到中介作用，因此假设 H3

在成长期成立。

表4-19 成长期道德氛围的中介效应检验

| 变量 | 道德氛围 模型1 | 道德氛围 模型2 | 团队绩效 模型3 |
| --- | --- | --- | --- |
| Gen | -0.052 | -0.015 | 0.012 |
| Age | 0.235** | 0.178* | -0.091 |
| Edu | -0.167* | -0.080 | 0.121 |
| Prev | 0.201** | 0.170* | 0.101 |
| 道德敏感性 |  | 0.335** | 0.446*** |
| 道德氛围 |  |  | 0.418*** |
| $R^2$ | 0.204 | 0.298 |  |
| Adj. $R^2$ | 0.172 | 0.261 |  |
| F-change | 6.230*** | 8.146*** | 15.700*** |
| VIF最大值 | 1.346 | 1.380 | 1.425 |
| DW值 | 2.025 | 2.019 | 1.730 |

然后，用Hayes（2013）的process插件对中介作用进行分析，在插件中选取Model 4，以成长期青年创业团队道德敏感性为自变量、团队绩效为因变量、道德氛围为中介变量，在控制性别（Gen）、年龄（Age）、教育程度（Edu）和加入创业团队前从事相关工作的时间（Prev）的条件下进行抽样5000次的Bootstrap分析，查看均值分布置信区间95%的上下限的区间是否包含0。从表4-20分析的结果可以发现，总效应的置信区间为[0.6338, 1.1760]，不包含0，说明青年创业团队道德敏感性对团队绩效的总效应显著；直接效应的置信区间为[0.4284, 0.9485]，不包含0，说明青年创业团队道德敏感性对团队绩效的直接效应显著；间接效应的置信区间为[0.0850, 0.4560]，不包含0，说明成长期青年创业团

队道德氛围在道德敏感性和团队绩效间起到中介作用。假设 H3 再次得到了验证。

表 4-20 成长期青年创业团队道德氛围在道德敏感性
和团队绩效间中介效应的 Bootstrap 分析

| 路径 | Effect | LLCI | ULCI |
| --- | --- | --- | --- |
| 总效应（道德敏感性→团队绩效） | 0.9049 | 0.6338 | 1.1760 |
| 直接效应（道德敏感性→团队绩效） | 0.6884 | 0.4284 | 0.9485 |
| 间接效应（道德敏感性→道德氛围→团队绩效） | 0.2165 | 0.0850 | 0.4560 |

## （六）成熟期青年创业团队道德氛围在道德敏感性和团队绩效间的中介作用

首先通过逐步回归分析的方法对成熟期青年创业团队道德氛围在道德敏感性和团队绩效间的中介作用进行检验。如表 4-21 所示，模型 1 和模型 2 都包含控制变量性别（Gen）、年龄（Age）、教育程度（Edu）和加入创业团队前从事相关工作的时间（Prev）对道德氛围影响，模型 2 在模型 1 的基础上加入了自变量道德敏感性，检验道德敏感性对道德氛围的影响，从回归分析的结果可以发现，道德敏感性对道德氛围的回归系数为 0.199，$P<0.05$，说明道德敏感性对道德氛围的影响是正向显著的，即中介效应的路径 a 显著。模型 3 以团队绩效为因变量，同时以道德敏感性和道德氛围为自变量，从回归分析的结果可以发现，道德氛围对团队绩效的回归系数为 0.221，$P<0.01$，说明道德氛围对团队绩效的影响是正向显著的，即中介效应的路径 b 显著；与此同时，道德敏感性对团队绩效的回归系数为 0.580，$P<0.001$，说明道德敏感性对团队绩效的影响是正向显著的，即直接效应 c' 显著。基于以上分析，成熟期青年创业团队道德氛围在道德敏感性和团队绩效间起到中介作用，因此假设 H3 成立。

表4-21 成熟期道德氛围的中介效应检验

| 变量 | 道德氛围 模型1 | 道德氛围 模型2 | 团队绩效 模型3 |
|---|---|---|---|
| Gen | -0.048 | -0.045 | -0.140* |
| Age | 0.112 | 0.046 | -0.202** |
| Edu | -0.209 | -0.151 | 0.047 |
| Prev | 0.141 | 0.155 | 0.110 |
| 道德敏感性 |  | 0.199* | 0.580*** |
| 道德氛围 |  |  | 0.221** |
| $R^2$ | 0.119 | 0.149 | 0.402 |
| Adj. $R^2$ | 0.083 | 0.104 | 0.364 |
| F-change | 3.283** | 3.356** | 10.647*** |
| VIF最大值 | 1.346 | 1.494 | 1.496 |
| DW值 | 1.942 | 1.974 | 2.359 |

然后,用Hayes(2013)的process插件对中介作用进行检验,在插件中选取Model 4,以成熟期青年创业团队道德敏感性为自变量、团队绩效为因变量、道德氛围为中介变量,在控制性别(Gen)、年龄(Age)、教育程度(Edu)和加入创业团队前从事相关工作的时间(Prev)的条件下进行抽样5000次的Bootstrap分析,查看均值分布置信区间95%的上下限的区间是否包含0。从表4-22分析的结果可以发现,总效应的置信区间为[0.5811,1.0799],不包含0,说明青年创业团队道德敏感性对团队绩效的总效应显著;直接效应的置信区间为[0.5254,1.0187],不包含0,说明青年创业团队道德敏感性对团队绩效的直接效应显著;间接效应的置信区间为[0.0012,0.1393],不包含0,说明成熟期青年创业团队道德氛围在道德敏感性和团队绩效间起到中介作用。假设H3再次得到

了验证。

表4-22 成熟期青年创业团队道德氛围在道德敏感性
和团队绩效间中介效应的 Bootstrap 分析

| 路径 | Effect | LLCI | ULCI |
| --- | --- | --- | --- |
| 总效应（道德敏感性→团队绩效） | 0.8305 | 0.5811 | 1.0799 |
| 直接效应（道德敏感性→团队绩效） | 0.7721 | 0.5254 | 1.0187 |
| 间接效应（道德敏感性→道德氛围→团队绩效） | 0.0584 | 0.0012 | 0.1393 |

（七）初创期青年创业团队道德压力在道德敏感性和团队绩效间的中介作用

首先通过逐步回归分析的方法对初创期青年创业团队道德压力在道德敏感性和团队绩效间的中介作用进行检验。如表4-23所示，模型1和模型2都包含控制变量性别（Gen）、年龄（Age）、教育程度（Edu）和加入创业团队前从事相关工作的时间（Prev）对道德压力的影响，模型2在模型1的基础上加入了自变量道德敏感性，检验道德敏感性对道德压力的影响，从回归分析的结果可以发现，道德敏感性对道德压力的回归系数为0.334，$P<0.01$，说明道德敏感性对道德压力的影响是正向显著的，即中介效应的路径a显著。模型3以团队绩效为因变量，同时以道德敏感性和道德压力为自变量，从回归分析的结果可以发现，道德压力对团队绩效的回归系数为0.135，$P>0.05$，说明道德压力对团队绩效的影响不显著，即中介效应的路径b不显著。继续用Hayes（2013）的process插件对中介作用进行检验，在插件中选取Model 4，以初创期青年创业团队道德敏感性为自变量、团队绩效为因变量、道德压力为中介变量，在控制性别（Gen）、年龄（Age）、教育程度（Edu）和加入创业团队前从事相关工作的时间（Prev）的条件下进行抽样5000次的Bootstrap分析，查看均值分布置信区间95%的上下限的区间是否包含0。从分析的结果可以发现，间接效应的置信区间为[-0.1131，0.2475]，包含0，说明初创期青年创业团队道德压力在道德敏感性和团队绩效间不存在中介作用，因此在初创期假设 H4 不成立。

表 4-23 初创期道德压力的中介效应检验

| 变量 | 道德氛围 模型1 | 道德氛围 模型2 | 团队绩效 模型3 |
| --- | --- | --- | --- |
| Gen | -0.087 | -0.017 | -0.064 |
| Age | 0.141 | 0.073 | -0.144 |
| Edu | 0.013 | 0.059 | -0.024 |
| Prev | 0.108 | 0.066 | 0.215** |
| 道德敏感性 |  | 0.334** | 0.508*** |
| 道德压力 |  |  | 0.135 |
| $R^2$ | 0.048 | 0.141 | 0.407 |
| Adj. $R^2$ | 0.009 | 0.096 | 0.369 |
| F-change | 1.223 | 3.156* | 10.846 |
| VIF 最大值 | 1.346 | 1.396 | 1.402 |
| DW 值 | 1.847 | 1.863 | 1.982 |

（八）成长期青年创业团队道德压力在道德敏感性和团队绩效间的中介作用

首先通过逐步回归分析的方法对成长期青年创业团队道德压力在道德敏感性和团队绩效间的中介作用进行检验。如表 4-24 所示，模型 1 和模型 2 都包含控制变量性别（Gen）、年龄（Age）、教育程度（Edu）和加入创业团队前从事相关工作的时间（Prev）对道德压力的影响，模型 2 在模型 1 的基础上加入了自变量道德敏感性，检验道德敏感性对道德压力的影响，从回归分析的结果可以发现，道德敏感性对道德压力的回归系数为 0.358，P<0.001，说明道德敏感性对道德压力的影响是正向显著

的，即中介效应的路径 a 显著。模型 3 以团队绩效为因变量，同时以道德敏感性和道德压力为自变量，从回归分析的结果可以发现，道德压力对团队绩效的回归系数为 0.289，P<0.001，说明道德压力对团队绩效的影响是正向显著的，即中介效应的路径 b 显著；与此同时，道德敏感性对团队绩效的回归系数为 0.483，p<0.001，说明道德敏感性对团队绩效的影响是正向显著的，即直接效应 c'显著。基于以上分析，成长期青年创业团队道德压力在道德敏感性和团队绩效间起到中介作用，因此在成长期假设 H4 成立。

表 4-24　成长期道德压力的中介效应检验

| 变量 | 道德氛围 模型 1 | 道德氛围 模型 2 | 团队绩效 模型 3 |
| --- | --- | --- | --- |
| Gen | -0.189* | -0.148 | 0.049 |
| Age | 0.063 | 0.003 | -0.017 |
| Edu | -0.265* | -0.171* | 0.137 |
| Prev | 0.070 | 0.037 | 0.162* |
| 道德敏感性 |  | 0.358*** | 0.483*** |
| 道德压力 |  |  | 0.289*** |
| $R^2$ | 0.129 | 0.236 | 0.439 |
| Adj. $R^2$ | 0.093 | 0.196 | 0.403 |
| F-change | 3.598** | 5.920*** | 12.373 |
| VIF 最大值 | 1.346 | 1.380 | 1.380 |
| DW 值 | 1.943 | 1.887 | 1.767 |

然后，用 Hayes（2013）的 process 插件对中介作用进行检验，在插件中选取 Model 4，以成长期青年创业团队道德敏感性为自变量、团队绩效为因变量、道德压力为中介变量，在控制性别（Gen）、年龄（Age）、

教育程度（Edu）和加入创业团队前从事相关工作的时间（Prev）的条件下进行抽样5000次的Bootstrap分析，查看均值分布置信区间95%的上下限的区间是否包含0。从表4-25分析的结果可以发现，总效应的置信区间为［0.6338，1.1760］，不包含0，说明青年创业团队道德敏感性对团队绩效的总效应显著；直接效应的置信区间为［0.4699，1.0213］，不包含0，说明青年创业团队道德敏感性对团队绩效的直接效应显著；间接效应的置信区间为［0.0383，0.3822］，不包含0，说明成长期青年创业团队道德压力在道德敏感性和团队绩效间起到中介作用。假设H4再次得到了验证。

表4-25 成长期青年创业团队道德压力在道德敏感性和团队绩效间中介效应的Bootstrap分析

| 路径 | Effect | LLCI | ULCI |
| --- | --- | --- | --- |
| 总效应（道德敏感性→团队绩效） | 0.9049 | 0.6338 | 1.1760 |
| 直接效应（道德敏感性→团队绩效） | 0.7456 | 0.4699 | 1.0213 |
| 间接效应（道德敏感性→道德压力→团队绩效） | 0.1593 | 0.0383 | 0.3822 |

（九）成熟期青年创业团队道德压力在道德敏感性和团队绩效间的中介作用

首先通过逐步回归分析的方法对成熟期青年创业团队道德压力在道德敏感性和团队绩效间的中介作用进行检验。如表4-26所示，模型1和模型2都包含控制变量性别（Gen）、年龄（Age）、教育程度（Edu）和加入创业团队前从事相关工作的时间（Prev）对道德压力的影响，模型2在模型1的基础上加入了自变量道德敏感性，检验道德敏感性对道德压力的影响，从回归分析的结果可以发现，道德敏感性对道德压力的回归系数为0.433，P<0.001，说明道德敏感性对道德压力的影响是正向显著的，即中介效应的路径a显著。模型3以团队绩效为因变量，同时以道德

敏感性和道德压力为自变量,从回归分析的结果可以发现,道德压力对团队绩效的回归系数为 0.337,P<0.001,说明道德压力对团队绩效的影响是正向显著的,即中介效应的路径 b 显著;与此同时,道德敏感性对团队绩效的回归系数为 0.478,p<0.001,说明道德敏感性对团队绩效的影响是正向显著的,即直接效应 c' 显著。基于以上分析,成熟期青年创业团队道德压力在道德敏感性和团队绩效间起到中介作用,因此在成熟期假设 H4 成立。

表 4-26 成熟期道德压力的中介效应检验

| 变量 | 道德氛围 模型 1 | 道德氛围 模型 2 | 团队绩效 模型 3 |
| --- | --- | --- | --- |
| Gen | -0.159* | -0.152* | -0.098 |
| Age | 0.222** | 0.078 | -0.218** |
| Edu | -0.205** | -0.080 | 0.040 |
| Prev | 0.024 | 0.055 | 0.126 |
| 道德敏感性 |  | 0.433*** | 0.478*** |
| 道德压力 |  |  | 0.337*** |
| $R^2$ | 0.152 | 0.292 | 0.441 |
| Adj. $R^2$ | 0.117 | 0.255 | 0.406 |
| F-change | 4.332** | 7.912*** | 12.173 |
| VIF 最大值 | 1.346 | 1.494 | 1.602 |
| DW 值 | 1.622 | 1.868 | 2.380 |

然后,用 process 插件对中介作用进行检验,在插件中选取 Model 4,以成熟期青年创业团队道德敏感性为自变量、团队绩效为因变量、道德压力为中介变量,在控制性别(Gen)、年龄(Age)、教育程度(Edu)和加入创业团队前从事相关工作的时间(Prev)的条件下进行抽样 5000

次的 Bootstrap 分析，查看均值分布置信区间 95% 的上下限的区间是否包含 0。从表 4-27 分析的结果可以发现，总效应的置信区间为 [0.6338, 1.1760]，不包含 0，说明青年创业团队道德敏感性对团队绩效的总效应显著；直接效应的置信区间为 [0.4699, 1.0213]，不包含 0，说明青年创业团队道德敏感性对团队绩效的直接效应显著；间接效应的置信区间为 [0.0383, 0.3822]，不包含 0，说明青年创业团队道德压力在道德敏感性和团队绩效间起到中介作用。假设 H4 再次得到了验证。

表 4-27 成熟期青年创业团队道德压力在道德敏感性和团队绩效间中介效应的 Bootstrap 分析

| 路径 | Effect | LLCI | ULCI |
| --- | --- | --- | --- |
| 总效应（道德敏感性→团队绩效） | 0.8305 | 0.5811 | 1.0799 |
| 直接效应（道德敏感性→团队绩效） | 0.6363 | 0.3797 | 0.8929 |
| 间接效应（道德敏感性→道德压力→团队绩效） | 0.1942 | 0.0633 | 0.4148 |

## 二、不同时期道德直觉、道德人格的调节作用

### （一）初创期青年创业团队道德直觉在道德敏感性和团队绩效间的调节作用

首先通过逐步回归分析的方法对初创期青年创业团队道德直觉在道德敏感性和团队绩效间的调节作用进行检验。如表 4-28 所示，模型 1 和模型 2 都包含控制变量性别（Gen）、年龄（Age）、教育程度（Edu）、加入创业团队前从事相关工作的时间（Prev）、自变量道德敏感性、调节变量道德直觉对团队绩效的影响，自变量道德敏感性和调节变量道德直觉已进行了中心化处理，模型 2 在模型 1 的基础上加入了"道德敏感性×道德直觉"的交互项。从回归分析的结果可以发现，交互项的回归系数为 0.168，$P<0.01$，与此同时，$\triangle R^2 = 0.027$，$P<0.01$，说明初创期青

年创业团队道德直觉在道德敏感性和团队绩效间起到调节作用,因此假设 H9 在初创期成立。

表 4-28 初创期道德直觉的调节效应检验

| 变量 | 团队绩效 | |
|---|---|---|
| | 模型 1 | 模型 2 |
| Gen | -0.067 | -0.053 |
| Age | -0.135 | -0.138 |
| Edu | -0.013 | -0.010 |
| Prev | 0.226** | 0.224** |
| 道德敏感性 | 0.557*** | 0.583*** |
| 道德直觉 | -0.012 | -0.030 |
| 道德敏感性×道德直觉 | | 0.168** |
| $R^2$ | 0.391 | 0.418 |
| $\triangle R^2$ | 0.391 | 0.027 |
| F-change | 10.162*** | 4.411** |
| VIF 最大值 | 1.398 | 1.398 |
| DW 值 | | 1.723 |

然后,用 Hayes(2013)的 process 插件对调节作用进行检验,在插件中选取 Model 1,以初创期青年创业团队道德敏感性为自变量、团队绩效为因变量、道德直觉为调节变量,在控制性别(Gen)、年龄(Age)、教育程度(Edu)和加入创业团队前从事相关工作的时间(Prev)的条件下进行抽样 5000 次的 Bootstrap 分析,查看均值分布置信区间 95% 的上下限的区间是否包含 0。从分析的结果可以发现,道德直觉对道德敏感性和团队绩效影响的调节效应的置信区间为 [0.0012,0.0431],不包含 0,

说明道德直觉的调节效应显著,假设 H9 再次得到了验证。当道德直觉的取值分别为高于平均数一个标准差、平均数和低于平均数一个标准差时,调节效应的 Bootstrap 分析结果如表 4-29 所示。

表 4-29 初创期青年创业团队道德直觉在道德敏感性
和团队绩效间调节效应的 Bootstrap 分析

| 路径 | 调节变量的取值 | Effect | LLCI | ULCI |
|---|---|---|---|---|
| 道德敏感性→团队绩效 | -SD = -7.85 | 0.6367 | 0.3583 | 0.9151 |
| | Mean = 40.34 | 0.8108 | 0.5620 | 1.0595 |
| | +SD = 7.85 | 0.9848 | 0.6679 | 1.3016 |

(二)成长期青年创业团队道德直觉在道德敏感性和团队绩效间的调节作用

首先通过逐步回归分析的方法对成长期青年创业团队道德直觉在道德敏感性和团队绩效间的调节作用进行检验。模型 1 和模型 2 都包含控制变量性别(Gen)、年龄(Age)、教育程度(Edu)、加入创业团队前从事相关工作的时间(Prev)、自变量道德敏感性、调节变量道德直觉对团队绩效的影响,自变量道德敏感性和调节变量道德直觉已进行了中心化处理,模型 2 在模型 1 的基础上加入了"道德敏感性×道德直觉"的交互项。从回归分析的结果可以发现,交互项的回归系数为 -0.098,P > 0.05,与此同时,$\triangle R^2 = 0.008$,P > 0.05,说明成长期青年创业团队道德直觉在道德敏感性和团队绩效间没有起到调节作用,因此成长期假设 H9 不成立。

然后,用 Hayes(2013)的 process 插件对调节作用进行检验,在插件中选取 Model 1,以成长期青年创业团队道德敏感性为自变量、团队绩效为因变量、道德直觉为调节变量,在控制性别(Gen)、年龄(Age)、教育程度(Edu)和加入创业团队前从事相关工作的时间(Prev)的条件下进行抽样 5000 次的 Bootstrap 分析,查看均值分布置信区间 95% 的上下限的区间是否包含 0。从分析的结果可以发现,道德直觉对道德敏感性和团队绩效影响的调节效应的置信区间为 [-0.0017,0.0458]，包含0，说明道德直觉的调节效应不显著，再次说明在成长期假设 H9 不成立。

(三) 成熟期青年创业团队道德直觉在道德敏感性和团队绩效间的调节作用

首先通过逐步回归分析的方法对成熟期青年创业团队道德直觉在道德敏感性和团队绩效间的调节作用进行检验。模型1和模型2都包含控制变量性别（Gen）、年龄（Age）、教育程度（Edu）、加入创业团队前从事相关工作的时间（Prev）、自变量道德敏感性、调节变量道德直觉对团队绩效的影响，自变量道德敏感性和调节变量道德直觉已进行了中心化处理，模型2在模型1的基础上加入了"道德敏感性×道德直觉"的交互项。从回归分析的结果可以发现，交互项的回归系数为-0.102，P>0.05，与此同时，$\triangle R^2 = 0.03$，P>0.05，说明成熟期青年创业团队道德直觉在道德敏感性和团队绩效间没有起到调节作用，因此假设 H9 不成立。

然后，用 Hayes（2013）的 process 插件对调节作用进行检验，在插件中选取 Model 1，以成熟期青年创业团队道德敏感性为自变量、团队绩效为因变量、道德直觉为调节变量，在控制性别（Gen）、年龄（Age）、教育程度（Edu）和加入创业团队前从事相关工作的时间（Prev）的条件下进行抽样 5000 次的 Bootstrap 分析，查看均值分布置信区间 95% 的上下限的区间是否包含0。从分析的结果可以发现，道德直觉对道德敏感性和团队绩效影响的调节效应的置信区间为 [-0.0349,0.0093]，包含0，说明道德直觉的调节效应不显著，再次说明假设 H9 不成立。

(四) 初创期青年创业团队道德人格在道德敏感性和团队绩效间的调节作用

首先通过逐步回归分析的方法对初创期青年创业团队道德人格在道德敏感性和团队绩效间的调节作用进行检验。模型1和模型2都包含控制变量性别（Gen）、年龄（Age）、教育程度（Edu）、加入创业团队前从事相关工作的时间（Prev）、自变量道德敏感性、调节变量道德人格对团队绩效的影响，自变量道德敏感性和调节变量道德人格已进行了中心化处理，模型2在模型1的基础上加入了"道德敏感性×道德人格"的交互项。从回归分析的结果可以发现，交互项的回归系数为－0.99，$P > 0.05$，与此同时，$\triangle R^2 = 0.007$，$P > 0.05$，说明初创期青年创业团队道德人格在道德敏感性和团队绩效间没有起到调节作用，因此假设H10不成立。

然后，用Hayes（2013）的process插件对调节作用进行检验，在插件中选取Model 1，以初创期青年创业团队道德敏感性为自变量、团队绩效为因变量、道德直觉为调节变量，在控制性别（Gen）、年龄（Age）、教育程度（Edu）和加入创业团队前从事相关工作的时间（Prev）的条件下进行抽样5000次的Bootstrap分析，查看均值分布置信区间95%的上下限的区间是否包含0。从分析的结果可以发现，道德人格对道德敏感性和团队绩效影响的调节效应的置信区间为［－0.0345，0.0104］，包含0，说明道德人格的调节效应不显著，再次说明假设H10在初创期不成立。

（五）成长期青年创业团队道德人格在道德敏感性和团队绩效间的调节作用

首先通过逐步回归分析的方法对成长期青年创业团队道德人格在道德敏感性和团队绩效间的调节作用进行检验。模型1和模型2都包含控制变量性别（Gen）、年龄（Age）、教育程度（Edu）、加入创业团队前从事相关工作的时间（Prev）、自变量道德敏感性、调节变量道德人格对团队绩效的影响，自变量道德敏感性和调节变量道德人格已进行了中心化处理，模型2在模型1的基础上加入了"道德敏感性×道德人格"的交互项。从回归分析的结果可以发现，交互项的回归系数为－0.017，$P > 0.05$，与此同时，$\triangle R^2 = 0.001$，$P > 0.05$，说明成长期青年创业团队道德人格在道德敏感性和团队绩效间没有起到调节作用，因此假设H10在成长期不成立。

然后,用 Hayes(2013)开发的 process 插件对调节作用进行检验,在插件中选取 Model 1,以成长期青年创业团队道德敏感性为自变量、团队绩效为因变量,以道德人格为调节变量,在控制性别(Gen)、年龄(Age)、教育程度(Edu)和加入创业团队前从事相关工作的时间(Prev)的条件下进行抽样 5000 次的 Bootstrap 分析,查看均值分布置信区间 95% 的上下限的区间是否包含 0。从分析的结果可以发现,道德人格对道德敏感性和团队绩效影响的调节效应的置信区间为 [-0.0292,0.0241],包含 0,说明道德人格的调节效应不显著,再次说明假设 H10 在成长期不成立。

(六)成熟期青年创业团队道德人格在道德敏感性和团队绩效间的调节作用

首先通过逐步回归分析的方法对青年创业团队道德人格在成熟期道德敏感性和团队绩效间的调节作用进行检验。模型 1 和模型 2 都包含控制变量性别(Gen)、年龄(Age)、教育程度(Edu)、加入创业团队前从事相关工作的时间(Prev)、自变量道德敏感性、调节变量道德人格对团队绩效的影响,自变量道德敏感性和调节变量道德人格已进行了中心化处理,模型 2 在模型 1 的基础上加入了"道德敏感性×道德人格"的交互项。从回归分析的结果可以发现,交互项的回归系数为 0.052,P > 0.05,与此同时,$\triangle R^2 = 0.002$,P > 0.05,说明成熟期青年创业团队道德人格在道德敏感性和团队绩效间没有起到调节作用,因此假设 H10 不成立。

然后,用 Hayes(2013)开发的 process 插件对调节作用进行检验,在插件中选取 Model 1,以成熟期青年创业团队道德敏感性为自变量、团队绩效为因变量,以道德人格为调节变量,在控制性别(Gen)、年龄(Age)、教育程度(Edu)和加入创业团队前从事相关工作的时间(Prev)的条件下进行抽样 5000 次的 Bootstrap 分析,查看均值分布置信区间 95% 的上下限的区间是否包含 0。从分析的结果可以发现,道德人格对道德敏感性和团队绩效影响的调节效应的置信区间为[-0.0159,0.0288],包含0,说明道德人格的调节效应不显著,再次说明假设H10在成熟期不成立。

## 三、不同时期道德传染效应、社会期许效应的调节作用

(一) 初创期青年创业团队道德传染效应在道德敏感性和团队绩效间的调节作用

首先通过逐步回归分析的方法对初创期青年创业团队道德传染效应在道德敏感性和团队绩效间的调节作用进行检验。如表4-30所示,模型1和模型2都包含控制变量性别(Gen)、年龄(Age)、教育程度(Edu)、加入创业团队前从事相关工作的时间(Prev)、自变量道德敏感性、调节变量道德传染效应对团队绩效的影响,自变量道德敏感性和调节变量道德传染效应已进行了中心化处理,模型2在模型1的基础上加入了"道德敏感性×道德传染效应"的交互项。从回归分析的结果可以发现,交互项的回归系数为0.183,P<0.01,与此同时,$\triangle R^2=0.030$,P<0.01,说明初创期青年创业团队道德传染效应在道德敏感性和团队绩效间起到调节作用,因此假设H13在初创期成立。

表4-30 初创期道德传染效应的调节效应检验

| 变量 | 团队绩效 | |
|---|---|---|
| | 模型1 | 模型2 |
| Gen | -0.061 | -0.076 |
| Age | -0.137 | -0.136 |
| Edu | -0.021 | -0.049 |
| Prev | 0.226** | 0.204** |
| 道德敏感性 | 0.574*** | 0.526*** |
| 道德传染效应 | -0.062 | -0.078 |

续表

| 变量 | 团队绩效 | |
|---|---|---|
| | 模型 1 | 模型 2 |
| 道德敏感性×道德传染效应 | | 0.183** |
| $R^2$ | 0.394 | 0.381 |
| $\triangle R^2$ | 0.394 | 0.030 |
| F – change | 10.300*** | 4.879** |
| VIF 最大值 | 1.398 | 1.402 |
| DW 值 | | 1.947 |

然后,用 Hayes(2013)的 process 插件对调节作用进行检验,在插件中选取 Model 1,以初创期青年创业团队道德敏感性为自变量、团队绩效为因变量、道德传染效应为调节变量,在控制性别(Gen)、年龄(Age)、教育程度(Edu)和加入创业团队前从事相关工作的时间(Prev)的条件下进行抽样 5000 次的 Bootstrap 分析,查看均值分布置信区间 95% 的上下限的区间是否包含 0。从分析的结果可以发现,道德传染效应对道德敏感性和团队绩效影响的调节效应的置信区间为 [0.0035, 0.0650],不包含 0,说明道德传染效应的调节效应显著,假设 H13 再次得到了验证。当道德传染效应的取值分别为高于平均数一个标准差、平均数和低于平均数一个标准差时,调节效应的 Bootstrap 分析结果如表 4 – 31 所示。

表 4 – 31 初创期青年创业团队道德传染效应在道德敏感性和团队绩效间调节效应的 Bootstrap 分析

| 路径 | 调节变量的取值 | Effect | LLCI | ULCI |
|---|---|---|---|---|
| 道德敏感性→团队绩效 | – SD = – 19.82 | 0.5106 | 0.1516 | 0.8695 |
| | Mean = 148.03 | 0.7321 | 0.4763 | 0.9879 |
| | + SD = 19.82 | 0.9536 | 0.6684 | 1.2387 |

### （二）成长期青年创业团队道德传染效应在道德敏感性和团队绩效间的调节作用

首先通过逐步回归分析的方法对成长期青年创业团队道德传染效应在道德敏感性和团队绩效间的调节作用进行检验。模型1和模型2都包含控制变量性别（Gen）、年龄（Age）、教育程度（Edu）、加入创业团队前从事相关工作的时间（Prev）、自变量道德敏感性、调节变量道德传染效应对团队绩效的影响，自变量道德敏感性和调节变量道德传染效应已进行了中心化处理，模型2在模型1的基础上加入了"道德敏感性×道德传染效应"的交互项。从回归分析的结果可以发现，交互项的回归系数为0.024，$P>0.05$，与此同时，$\triangle R^2=0.001$，$P>0.05$，说明成长期青年创业团队道德传染效应在道德敏感性和团队绩效间没有起到调节作用，因此假设H13不成立。

然后，用Hayes（2013）的process插件对调节作用进行检验，在插件中选取Model 1，以成长期青年创业团队道德敏感性为自变量、团队绩效为因变量，以道德传染效应为调节变量，在控制性别（Gen）、年龄（Age）、教育程度（Edu）和加入创业团队前从事相关工作的时间（Prev）的条件下进行抽样5000次的Bootstrap分析，查看均值分布置信区间95%的上下限的区间是否包含0。从分析的结果可以发现，道德传染效应对道德敏感性和团队绩效影响的调节效应的置信区间为［-0.0328，0.0435］，包含0，说明道德传染效应的调节效应不显著，再次说明假设H13在成长期不成立。

### （三）成熟期青年创业团队道德传染效应在道德敏感性和团队绩效间的调节作用

首先通过逐步回归分析的方法对成熟期青年创业团队道德传染效应在道德敏感性和团队绩效间的调节作用进行检验。模型1和模型2都包含控制变量性别（Gen）、年龄（Age）、教育程度（Edu）、加入创业团队前从事相关工作的时间（Prev）、自变量道德敏感性、调节变量道德传染效应对团队绩效的影响,自变量道德敏感性和调节变量道德传染效应已进行了中心化处理,模型2在模型1的基础上加入了"道德敏感性×道德传染效应"的交互项。从回归分析的结果可以发现,交互项的回归系数为0.039,P>0.05,与此同时,$\triangle R^2=0.001$,P>0.05,说明成熟期青年创业团队道德传染效应在道德敏感性和团队绩效间没有起到调节作用,因此假设H13在成熟期不成立。

然后,用Hayes(2013)开发的process插件对调节作用进行检验,在插件中选取Model 1,以成熟期青年创业团队道德敏感性为自变量、团队绩效为因变量,以道德传染效应为调节变量,在控制性别(Gen)、年龄(Age)、教育程度(Edu)和加入创业团队前从事相关行业工作的时间(Prev)的条件下进行抽样5000次的Bootstrap分析,查看均值分布置信区间95%的上下限的区间是否包含0。从分析的结果可以发现,道德传染效应对道德敏感性和团队绩效影响的调节效应的置信区间为[-0.0316,0.0498],包含0,说明道德传染效应的调节效应不显著,再次说明假设H13在成熟期不成立。

(四)初创期青年创业团队社会期许效应在道德敏感性和团队绩效间的调节作用

首先通过逐步回归分析的方法对初创期青年创业团队社会期许效应在道德敏感性和团队绩效间的调节作用进行检验。模型1和模型2都包含控制变量性别(Gen)、年龄(Age)、教育程度(Edu)、加入创业团队前从事相关工作的时间(Prev)、自变量道德敏感性、调节变量社会期许效应对团队绩效的影响,自变量道德敏感性和调节变量社会期许效应已进行了中心化处理,模型2在模型1的基础上加入了"道德敏感性×社会期许效应"的交互项。从回归分析的结果可以发现,交互项的回归系数为-0.030,P>0.05,与此同时,$\triangle R^2=0.001$,P>0.05,说明初创期青年创业团队社会期许效应在道德敏感性和团队绩效间没有起到调节作用,因此初创期假设H14不成立。

然后，用 Hayes（2013）的 process 插件对调节作用进行检验，在插件中选取 Model 1，以初创期青年创业团队道德敏感性为自变量、团队绩效为因变量、社会期许效应为调节变量，在控制性别（Gen）、年龄（Age）、教育程度（Edu）和加入创业团队前从事相关工作的时间（Prev）的条件下进行抽样 5000 次的 Bootstrap 分析，查看均值分布置信区间 95% 的上下限的区间是否包含 0。从分析的结果可以发现，社会期许效应对道德敏感性和团队绩效影响的调节效应的置信区间为 [-0.0106, 0.0075]，包含 0，说明社会期许效应的调节效应不显著，再次说明假设 H14 在初创期不成立。

（五）成长期青年创业团队社会期许效应在道德敏感性和团队绩效间的调节作用

首先通过逐步回归分析的方法对成长期青年创业团队社会期许效应在道德敏感性和团队绩效间的调节作用进行检验。如表 4-32 所示，模型 1 和模型 2 都包含控制变量性别（Gen）、年龄（Age）、教育程度（Edu）、加入创业团队前从事相关工作的时间（Prev）、自变量道德敏感性、调节变量社会期许效应对团队绩效的影响，自变量道德敏感性和调节变量社会期许效应已进行了中心化处理，模型 2 在模型 1 的基础上加入了"道德敏感性 × 社会期许效应"的交互项。从回归分析的结果可以发现，交互项的回归系数为 -0.186，$P<0.05$，与此同时，$\triangle R^2 = 0.030$，$P<0.001$，说明成长期青年创业团队社会期许效应在道德敏感性和团队绩效间起到调节作用，因此假设 H14 在成长期成立。

表 4-32 成长期社会期许效应的调节效应检验

| 变量 | 团队绩效 ||
| --- | --- | --- |
| | 模型 1 | 模型 2 |
| Gen | 0.064 | 0.083 |
| Age | -0.120 | -0.152* |

续表

| 变量 | 团队绩效 | |
|---|---|---|
| | 模型1 | 模型2 |
| Edu | 0.142* | 0.144* |
| Prev | 0.114 | 0.135* |
| 道德敏感性 | 0.476*** | 0.499*** |
| 社会期许效应 | 0.428*** | 0.490*** |
| 道德敏感性×社会期许效应 | | -0.186** |
| $R^2$ | 0.502 | 0.531 |
| $\triangle R^2$ | 0.502 | 0.030 |
| F-change | 15.943*** | 15.219*** |
| VIF 最大值 | 1.465 | 1.578 |
| DW 值 | | 1.792 |

然后，用 Hayes（2013）的 process 插件对调节作用进行检验，在插件中选取 Model 1，以成长期青年创业团队道德敏感性为自变量、团队绩效为因变量、社会期许效应为调节变量，在控制性别（Gen）、年龄（Age）、教育程度（Edu）和加入创业团队前从事相关工作的时间（Prev）的条件下进行抽样5000次的 Bootstrap 分析，查看均值分布置信区间95%的上下限的区间是否包含0。从分析的结果可以发现，社会期许效应对道德敏感性和团队绩效影响的调节效应的置信区间为 [-0.0196, -0.0020]，不包含0，说明社会期许效应的调节效应显著，假设 H14 再次得到了验证。当社会期许效应的取值分别为高于平均数一个标准差、平均数和低于平均数一个标准差时，调节效应的 Bootstrap 分析结果如表4-33所示。

表 4-33 成长期青年创业团队社会期许效应在道德敏感性
和团队绩效间调节效应的 Bootstrap 分析

| 路径 | 调节变量的取值 | Effect | LLCI | ULCI |
| --- | --- | --- | --- | --- |
| 道德敏感性→团队绩效 | -SD = -19.82 | 0.9844 | 0.6647 | 1.3040 |
|  | Mean = 148.03 | 0.7704 | 0.5221 | 1.0186 |
|  | +SD = 19.82 | 0.5564 | 0.2700 | 0.8428 |

（六）成熟期青年创业团队社会期许效应在道德敏感性和团队绩效间的调节作用

首先通过逐步回归分析的方法对成熟期青年创业团队社会期许效应在道德敏感性和团队绩效间的调节作用进行检验。如表 4-34 所示，模型 1 和模型 2 都包含控制变量性别（Gen）、年龄（Age）、教育程度（Edu）、加入创业团队前从事相关工作的时间（Prev）、自变量道德敏感性、调节变量社会期许效应对团队绩效的影响，自变量道德敏感性和调节变量社会期许效应已进行了中心化处理，模型 2 在模型 1 的基础上加入了"道德敏感性×社会期许效应"的交互项。从回归分析的结果可以发现，交互项的回归系数为 -0.237，P<0.01，与此同时，$\triangle R^2$ = 0.050，P<0.001，说明成熟期青年创业团队道德传染效应在道德敏感性和团队绩效间起到调节作用，因此假设 H14 在成熟成立。

表 4-34 成熟期社会期许效应的调节效应检验

| 变量 | 团队绩效 | |
| --- | --- | --- |
|  | 模型 1 | 模型 2 |
| Gen | -0.086 | -0.092 |
| Age | -0.277** | -0.324 |
| Edu | 0.066 | 0.048 |

<<< 第四章 不同时期道德敏感性对创业团队绩效的影响机制

续表

| 变量 | 团队绩效 | |
|---|---|---|
| | 模型1 | 模型2 |
| Prev | 0.075 | 0.118 |
| 道德敏感性 | 0.537*** | 0.513*** |
| 社会期许效应 | 0.399*** | 0.456*** |
| 道德敏感性×社会期许效应 | | -0.237** |
| $R^2$ | 0.474 | 0.524 |
| $\triangle R^2$ | 0.474 | 0.050** |
| F-change | 14.264*** | 14.794*** |
| VIF最大值 | 1.558 | 1.602 |
| DW值 | | 2.368 |

然后，用 Hayes（2013）开发的 process 插件对调节作用进行检验，在插件中选取 Model 1，以成熟期青年创业团队道德敏感性为自变量、团队绩效为因变量、社会期许效应为调节变量，在控制性别（Gen）、年龄（Age）、教育程度（Edu）和加入创业团队前从事相关工作的时间（Prev）的条件下进行抽样 5000 次的 Bootstrap 分析，查看均值分布置信区间 95% 的上下限的区间是否包含 0。从分析的结果可以发现，社会期许效应对道德敏感性和团队绩效影响的调节效应的置信区间为 [-0.0196, -0.0020]，不包含 0，说明社会期许效应的调节效应显著，假设 H14 再次得到了验证。当社会期许效应的取值分别为高于平均数一个标准差、平均数和低于平均数一个标准差时，调节效应的 Bootstrap 分析结果如表 4-35 所示。

*111*

表 4-35 成熟期青年创业团队社会期许效应在道德敏感性
和团队绩效间调节效应的 Bootstrap 分析

| 路径 | 调节变量的取值 | Effect | LLCI | ULCI |
|---|---|---|---|---|
| 道德敏感性→团队绩效 | -SD = -19.82 | 0.9708 | 0.6958 | 1.2457 |
| | Mean = 148.03 | 0.6831 | 0.4595 | 0.9069 |
| | +SD = 19.82 | 0.3957 | 0.0955 | 0.6959 |

## 四、道德敏感性通过中介和调节变量对团队绩效的延时影响

### (一) 中介变量的延时作用

初创期道德敏感性对成长期团队绩效的总效应显著,影响系数为 0.77,置信区间 [0.5332, 0.9967] 不包含 0。由表 4-36 可知,青年创业团队成长期的道德氛围和道德压力在初创期道德敏感性和成长期团队绩效间的中介作用显著,中介效应量分别为 0.26 和 0.16;而成长期创业导向的中介作用不显著。各中介模型的直接效应均达到显著,因此在初创期青年创业团队道德敏感性对成长期团队绩效的延时影响中,道德氛围和道德压力起到部分中介作用。

表 4-36 初创期道德敏感性通过成长期中介变量对绩效的延时影响

| 中介变量 | 直接效应 | | 间接效应 | | |
|---|---|---|---|---|---|
| | Effect | P | Effect | LLCI | ULCI |
| 创业导向 | 0.71 | 0.000 | 0.05 | -0.0669 | 0.2172 |
| 道德氛围 | 0.56 | 0.000 | 0.20 | 0.0860 | 0.3764 |
| 道德压力 | 0.60 | 0.000 | 0.17 | 0.0374 | 0.3496 |

成长期道德敏感性对成熟期团队绩效的总效应显著,影响系数为 0.95,置信区间 [0.6848, 1.2051] 不包含 0。同样采用 process 插件对中介变量的纵向影响进行检验发现,青年创业团队成熟期的道德氛围和道

德压力在成长期道德敏感性和成熟期团队绩效间的中介作用显著,中介效应量分别为0.09和0.27;而成长期创业导向的中介作用不显著(详见表4-37)。在各中介模型中,直接效应均达到显著,因此成熟道德氛围和道德压力起到部分中介作用。

表4-37 成长期道德敏感性通过成熟期中介变量对绩效的延时影响

| 中介变量 | 直接效应 | | 间接效应 | | |
|---|---|---|---|---|---|
| | Effect | P | Effect | LLCI | ULCI |
| 创业导向 | 0.90 | 0.000 | 0.04 | -0.0204 | 0.1719 |
| 道德氛围 | 0.85 | 0.000 | 0.09 | 0.0127 | 0.2136 |
| 道德压力 | 0.68 | 0.000 | 0.26 | 0.0110 | 0.5057 |

通过结构方程模型对中介效应的纵向模型拟合情况进行检验(见表4-38),结果表明,以道德压力为中介的纵向模型拟合指标基本符合要求,创业导向和道德氛围的拟合情况不理想。总的来看,道德氛围和道德压力的纵向部分中介效应得到一定的数据支持,而创业导向在纵向影响模型无显著的中介作用。因此,H7和H8基本成立,H6未得到数据支持。

表4-38 道德敏感性通过中介变量影响团队绩效的纵向模型拟合情况

| 中介变量 | RMSEA | GFI | CFI | TFL | NFI | $x/df$ |
|---|---|---|---|---|---|---|
| 创业导向 | 0.12 | 0.93 | 0.96 | 0.92 | 0.94 | 2.40 |
| 道德氛围 | 1.62 | 0.93 | 0.97 | 0.94 | 0.95 | 3.75 |
| 道德压力 | 0.09 | 0.89 | 0.95 | 0.90 | 0.93 | 1.91 |

(二)调节变量的延时作用

通过process插件对调节变量的延时效应进行检验。分析结果表明,初创期青年创业团队的道德直觉正向调节初创期道德敏感性和成长期团队绩效的作用关系,置信区间[0.0070,0.0512]不包含0;另外,初创期道德传染效应在这一影响路径中的调节效应边缘显著（p = 0.053）。除此之外，其他变量对该阶段道德敏感性和下一阶段团队绩效影响路径间的调节作用均不显著（见表4-39）。

表4-39　道德敏感性通过该阶段调节变量对下一阶段团队绩效的延时影响

| 调节变量 | Effect | p | LLCI | ULCI |
| --- | --- | --- | --- | --- |
| 初创期道德敏感性对成长期团队绩效的影响 ||||| 
| 道德直觉 | 0.03 | 0.010 | 0.0070 | 0.0512 |
| 道德人格 | -0.01 | 0.501 | -0.0319 | 0.0157 |
| 道德传染效应 | -0.03 | 0.053 | -0.0634 | 0.0004 |
| 社会期许效应 | -0.00 | 0.824 | -0.0077 | 0.0062 |
| 成长期道德敏感性对成熟期团队绩效的影响 ||||| 
| 道德直觉 | 0.00 | 0.994 | -0.0287 | 0.0289 |
| 道德人格 | 0.01 | 0.633 | -0.0215 | 0.0352 |
| 道德传染效应 | 0.01 | 0.611 | -0.0286 | 0.0485 |
| 社会期许效应 | -0.00 | 0.320 | -0.0125 | 0.0041 |

## 第三节　量化研究结果的讨论

### 一、道德敏感性对团队绩效的影响及纵向作用

数据分析结果发现，青年创业团队的道德敏感性显著正向影响团队绩效。具体来看，团队道德敏感性的各个子维度对团队绩效及其所包含的任务绩效和成长绩效均有显著影响，H1在创业团队发展的初创期、成长期和成熟期均成立。道德事件激活道德敏感性后，团队会触发相应的

认知倾向和情绪反应，并会将自身情绪带回到工作当中，从而影响团队绩效。在道德敏感性的各维度中，共感想象维度得分越高的团队，越能考虑到不道德事件可能对他人、团队或社会造成的潜在伤害，也就对问题有着更宏观地把握，从而做出更优决策，提高了团队绩效；移情不安水平高的团队，在面对不道德行为时更易产生难过、不安、愤怒等消极情绪，便可能希望通过在其他方面的表现来弥补自己的负面消耗，从而提高了团队绩效；惩罚倾向维度得分高的团队，对不道德事件进行处罚的意愿更强，也能够在实际工作环境中对不道德行为迅速纠正，以及时止损；高抗拒倾向水平的团队更加排斥不道德行为及其实施者，有利于团队形成统一的价值观和道德准则，从而知行合一，提高团队绩效。对于团队绩效的两个维度来说，道德敏感性不仅直接影响团队工作表现，其所带来的消极或积极情绪也会影响员工的工作满意度等心理指标。这提示我们，道德问题不仅对数据上的财会效益有直接打击，也会在心理投入上"浪费"员工和团队的"感情"，青年创业团队应从多角度看待团队发展。

纵向分析的结果表明，青年创业团队初创期的道德敏感性显著影响成长期的团队绩效，成长期道德敏感性显著影响成熟期团队绩效，但整体模型拟合情况欠佳，H5基本得到验证。在各子维度上，大部分模型拟合良好，但共感想象和惩罚倾向维度对团队成长绩效的纵向模型拟合一般，移情不安对团队绩效及任务绩效、成长绩效的延时模型拟合一般。这说明，团队对道德事件的整体感知、消极应对态度和情绪会对团队表现有持续的影响，移情不安对团队绩效有延时预测作用，但总体拟合度不佳，也可能是由于团队绩效受到多方面因素干预，影响机制较为复杂，具体还需今后研究进一步分析。纵向分析的研究结果提示我们，青年创业团队不能忽视团队道德敏感性的宣传和塑造，要保持可持续发展的长视观念。

## 二、中介变量的作用及纵向影响

（一）创业导向的中介作用及纵向影响

根据数据分析结果，创业导向在青年创业团队道德敏感性和团队绩效之间不存在中介效应，H2 在三个阶段均不成立。纵向分析的结果也显示，创业导向在纵向影响模型中无显著的中介作用。在本研究中并没有取得创业导向对团队绩效具有中介作用的数据支持，这可能是因为道德敏感性对于创业导向的影响是通过其他变量进行的，也有可能是因为创业导向的各维度在不同的发展阶段对于团队绩效的影响并不统一，因此不能得到有效的数据支持原假设。

（二）道德氛围的中介作用及纵向影响

研究结果表明，道德氛围在青年创业团队道德敏感性与团队绩效间存在中介作用，H3 在初创期、成长期、成熟期三个阶段均成立。道德敏感性带有认知和情感的双重特性，道德敏感性水平高的团队能够更好地提取工作环境中的道德信息，并在此基础上构建统一的道德观念和准则，从而形成团队内部浓厚的道德氛围。继而，团队的道德氛围越浓厚，成员对组织的信任度越高，有利于工作满意度、工作投入水平和团队绩效的提升。特别是在本研究中，对于团队绩效的测量包含了任务绩效和成长绩效两个方面，研究结果也反映了道德氛围对员工满意度和成长空间需要的积极影响。

从纵向分析的结果来看，创业团队初创期道德敏感性的提高会通过增强成长期组织道德氛围，延时提高成长期团队绩效；成熟期道德氛围也在成长期道德敏感性和成熟期团队绩效的关系间扮演同样角色；但纵向模型拟合一般，H7 得到部分数据支持。环境中的信息捕捉、对刺激的反应与理解是一个过程性事件，青年创业团队过渡到下一阶段后所形成的道德氛围不仅受当下情境的单方面影响，还会承袭前一阶段的道德习惯，进而对现阶段的团队绩效产生即时影响。这提示我们，道德氛围的形成不是一蹴而就的，当意识到团队道德氛围走向歧途时很可能为时已晚，想要做出改变，青年创业团队应从初创期开始重视团队的道德敏感性和道德氛围问题。

（三）道德压力的中介作用及纵向影响

中介效应分析的结果表明，道德压力在青年创业团队道德敏感性与团队绩效间存在一定的中介作用，H4 仅在成长期和成熟期成立。当团队需要做出亲组织非伦理行为时，道德敏感性水平高的团队更容易产生认知冲突，感知到更大的道德压力，而这种压力会转化为动力，促进团队绩效的提升。一些研究指出，高承诺型的人力资源管理体系与道德压力相关显著，而这一管理方式的形成需要时间的打磨，这也解释了为什么道德压力的中介作用在初创期不显著。

在纵向分析中，提高青年创业团队初创期道德敏感性会导致团队成长期的道德压力增加，进而提高成长期团队绩效；亦然，成长期道德敏感性对成熟期团队绩效的影响也受到成熟期道德压力的中介作用；从纵向模型的总体拟合情况来看，H8 得到部分数据支持。这说明道德压力是会积累的，由于前一发展阶段的道德敏感性带来的高道德压力会迁移到下一阶段当中，并对这一阶段的团队绩效产生影响。因此，青年创业团队应发现问题及时解决，积极总结经验教训，用发展的眼光看待问题。

### 三、调节变量的作用及纵向影响

（一）道德直觉的调节作用及纵向影响

研究表明，道德直觉仅在初创期在青年创业团队道德敏感性和团队绩效间存在调节作用，H9 在初创期成立，在成长期和成熟期不成立。纵向分析结果表明，在创业团队初创期，良好的道德直觉会有利于成长期团队绩效的提高，但在成长期到成熟期，道德直觉的延时调节作用不显著。直觉是许多创业企业家做出正确决策、实现创业成功的重要来源，在创业团队的初创期，拥有高道德直觉的创业团队，在面对充斥着各种风险和不确定的市场时,可以更敏锐地感知到道德相关的问题和政策,从而有效地规避市场风险,这些决策和利益感知很大程度上影响了创业导向,对于初创团队至关重要并左右后续的成长方向。因此,道德直觉的调节作用从初创期延续到成长期。这提示着青年创业团队在创业伊始就要及时关注市场中的道德问题,感知隐患,化解风险。随着创业团队的发展壮大,创业团队有了固定的业务内容,道德直觉就不再起到明显的调节作用。

### (二) 道德人格的调节作用及纵向影响

数据分析结果表明,道德人格在青年创业团队道德敏感性和团队绩效间不存在调节作用,H10 在三个阶段均不成立。纵向来看,在初创期到成长期、成长期到成熟期,道德人格对团队绩效没有延时调节作用。

在本研究中并没有取得道德人格对团队绩效具有调节作用的数据支持,这可能是因为道德人格本身的成分比较复杂,更可能会通过对其他变量的影响来发挥作用,而不是直接对团队绩效发挥调节作用。也可能是因为青年创业者的道德人格成分在成长和变化,因此并不能得到稳定的数据来反应这一变量的调节作用。

### (三) 道德传染效应的调节作用及纵向影响

结果表明,在青年创业团队的初创期和成熟期。道德传染效应在道德敏感性和团队绩效间存在调节作用。道德传染效应先是发生在较小的规模内,然后逐步扩散到更大的群体,但成长期的创业团队人员增长迅速、经营项目增多、体量增大,各方面都快速成长,这一时期通常伴随着企业规章制度的颁布,因此道德传染效应在成长期没有对团队绩效具有显著的调节作用。

纵向来看,初创期道德传染效应会对成长期的团队绩效具有延时调节作用,但成长期到成熟期,道德传染效应没有调节作用。初创团队的道德标准和行为方式会通过道德传染效应"传染"给后来的队伍成员,因此在初创期到成长期,道德传染效应具有延时调节作用,但当企业成长到一定的规模,企业文化和规定会成为新员工的标准和参照。这提示创业企业从开始就要杜绝不道德行为、鼓励道德行为,为企业新入职的员工树立良好的道德榜样,"近朱者赤,近墨者黑",实现企业公平的氛围和文化,有利于企业的可持续发展。

(四)社会期许效应的调节作用及纵向影响

研究结果表明,在成长期和成熟期,社会期许效应在青年创业团队道德敏感性与团队绩效间存在调节作用,但在初创期,社会期许效应并不存在调节作用。纵向来看,社会期许效应对团队绩效没有延时调节作用。例如人员的招聘具有一定的及时性,新员工入职后也会经历培训、考核等诸多方面,通过"装好"进入公司的员工在进入公司后可能会在短时间内影响团队绩效,但从长期来看,这样的员工要么不能通过公司的考核,要么会经过培训学习以及公司对他的影响完成进步,所以这些可能是社会期许效应并不具有延时调节作用的原因。

## 第四节　青年创业团队道德敏感性的发展及其与绩效关系的质性研究结果

### 一、文献分析结果

(一)不同发展阶段创业团队道德敏感性特征的文献分析结果

对企业在不同发展阶段道德水平特征的文献,按照初创期、成长期和成熟期分别进行整理。

提取出有关初创期创业团队道德敏感性特征的15个次目类,包括泡沫经济、不发展实业、假冒伪劣、数理化、利润最大化、去价值化、内容低俗、博人眼球、不道德营销、员工道德水平不高、难以吸引高素质人才、忽视伦理角色、不为社会生产、定位不准确和诚信,并对次目类进行操作定义，如"数理化"是指"企业运营过程十分冰冷，一味运用数理模型分析，缺乏人情味"。对次目类进行关联组合，得到生产行为风险、运营营销风险、人员风险、社会影响风险和企业价值观5个目类。

成长期的团队仍存在一些初创期残留的道德敏感性问题，并且随着快速发展，和更多的社会角色有正面对话，也就体现了更多样性的道德特征。共从与企业成长期道德表现有关的文章中提取出8个目类，分别为企业文化、生产质量风险、营销风险、管理者风险、员工风险、影响消费者、影响合作者和影响社会。其中我们可以看到，团队在与合作者共同作业中的道德与非道德行为，是这一阶段创业团队有别于初创期的最大特征；步入成长期的团队不再是孤立的"个体"，在市场和社会中面临着多种多样的机会与挑战，如何把握自己的经济和伦理角色是这一阶段的重要议题。

有关成熟期企业道德发展特征的文献较少，且论点较为集中。从中共提取出6个次目类，归纳总结为影响社会、影响消费者和内部影响3个目类，有待在后续的案例和访谈分析中进一步补充。成熟期的创业公司社会化比以往更上一层台阶，道德敏感性在这一阶段主要表现在与消费者、环境和社会的关系上；同时，内部管理和人力的和谐也是企业防范道德风险、保持创新力和持久力的关键点。

（二）道德敏感性对创业团队绩效影响的文献分析结果

创业团队的道德敏感性和道德行为主要通过间接的方式影响团队绩效，从相关文献中提取出43个道德影响绩效的中间媒介目类，并为这些概念下操作定义。进而结合实际和学术研究将43个概念归纳为8个目类，分别为员工认知、员工态度、员工行为、员工情绪、管理者风险、企业价值观、企业运作和企业形象。可以看出，员工的工作状态在道德水平与团队绩效间有着重要的连接作用，也是目前企业管理学等领域比较重视的一个方面。员工对自己和企业关系的认知影响其对组织的投入程度，二者进而对员工的道德行为、组织公民行为、非道德亲组织行为等起到很大的决定作用，同时左右了员工在工作和生活时的情绪。此外，管理者的道德水平和对团队的把控、团队整体的价值观、道德观和运作风向也会间接影响团队绩效的变化。在外部因素方面，企业社会责任的履行和对外形象的塑造最有可能直接影响企业财会绩效，特别是对成熟期的企业来说尤为重要。

（三）创业团队道德建设对策的文献分析结果

在提及道德建设对策的 27 篇文章中，对重复或相近概念进行剔除、合并，共获 129 个有效初始对策。结合相关学术文献和原文背景为 129 个概念下操作性定义。而后，参考原作者的对策分组和原文标题关键词，整理出 22 个次目类，分别为管理者自身、员工工作意识、员工工作行为、人力管理方针、员工关系、薪酬管理、福利诉求、绩效考核、员工基本素质、道德文化建设、道德建设地位、宣传方式、宣传内容、物质环境、制度制定原则、方案规章、制度方针、执行保障、制度完善、社会影响、企业间影响和消费者影响。再对次目类进行逻辑整理，梳理为 6 个目类，分别为管理者自身、人力资源管理、道德相关建设、物质环境、制度建设和企业外部管理。

总结来讲，目前我国企业道德建设在人事方面主张领导和员工"两头抓"，在制度方面除基本运营制度外，还要制定具体的道德建设政策，同时注重物质环境对道德建设的支持，以及企业外部形象的管理。由此，经文献分析形成了青年创业团队道德建设对策的初步编码手册，在之后的案例分析和访谈编码中将以这六个大方面为核心，并不断扩充。

## 二、案例分析结果

本研究以初创期、成长期和成熟期三个阶段为轴心，分别进行编码。结合文献分析的编码手册结果和案例阅读后的概念抽取情况，对案例文本中提及的团队道德特征、道德事件对经营或绩效的影响以及直接和间接的道德建设方法进行逐一记录，并标注该事件发生时团队所处的发展阶段。这样做其一是因为，以研究想要回答的三个问题为编码主题进行概念提取与合并后，会产生主题间大量重复概念。如"只追求利益"既可以为某一阶段企业的道德敏感性特征，也是企业目光短浅，导致长久利益损耗的影响途径，又可以作为企业道德建设的主攻点，即转变团队经济价值观。其二，对不同发展阶段进行分别编码更有利于观察和比对不同阶段创业团队的区别点，有助于揭示本研究所关注的创业团队道德敏感性动态发展，并对团队绩效产生动态影响的内在机理。

（一）案例分析的开放式编码

在初创期团队的案例信息开放式编码环节，经初级编码共提取出89个初始信息点，剔除重复或近似的概念后获得71个有效初始概念（以小写字母"a"标注）。然后，对初始对策进行整理分组，归类为员工结构、员工态度、管理者素养、管理者能力、管理层结构、团队氛围、产品价值观、生产技术、产品质量、营销道德、品牌意识、经济价值观、社会价值观、团队规则、行业潜规则、法律法规、与合作者关系、消费者教育、消费者利益、与社会关系20个概念（以大写字母"A"标注）。进而，通过概念联结和逻辑分析，提取出9个受到团队道德敏感性影响的团队风险范畴（以大写字母"AA"标注），分别为AA1员工风险、AA2管理风险、AA3生产风险、AA4营销风险、AA5经营理念风险、AA6规则制度、AA7与合作者关系、AA8与消费者关系、AA9与社会关系。具体编码细节见表4-1。

对成长期团队道德事件进行信息提取，共获得107个初始概念，经删除重复后得到94个初始概念（用小写字母"b"标注）。依照逻辑判断和文献、案例阅读经验，将初始概念划分类属，获得员工素质、管理者素质、生产质量、营销道德、售后跟进、运作模式、企业经济观、团队制度、合作者意向、与竞争者关系、消费者利益和社会责任等26个概念（以大写字母"B"标注）。接下来进一步归总概念的共同所属范畴，参考初创期的编码结果共整合出 12 个范畴,分别为 BB1 员工风险、BB2 管理风险、BB3 产品生产风险、BB4 营销宣传风险、BB5 售后服务风险、BB6 运作模式风险、BB7 经营理念风险、BB8 规则制度、BB9 与合作者关系、BB10 与同行关系、BB11 与消费者关系、BB12 与社会关系,编码详情见表 4-2。

对成熟期创业团队的案例分析资料进行开放式编码,参考编码词典对抽取出的 143 个初始概念进行合并后,共获得 121 个有效初始概念(以小写字母"c"标注)。通过归纳总结,将散乱复杂的初始概念整理为 37 个概念,包括员工素质、团队建设、管理者意识、生产质量、营销道德、售后服务、运作模式、企业经济观、团队制度、维护合作者利益、与竞争者关系、消费者隐私和公益救助等等(以大写字母"C"标注)。过滤 37 个概念中的共同联结,参考文献分析和初创期、成长期的开放式编码结果,推演出可统领全部概念的 13 个范畴,分别为 CC1 员工风险、CC2 人员结构风险、CC3 管理者风险、CC4 生产风险、CC5 营销风险、CC6 服务风险、CC7 运作风险、CC8 经营理念风险、CC9 规章制度、CC10 与合作者关系、CC11 与竞争者关系、CC12 消费者利益和 CC13 社会责任。编码细节见表 4-3。

在案例分析的开放式编码过程中,及时比对现实资料和编码手册,对编码词典不断进行内容和结构上的补充。

(二)案例分析的主轴编码

在主轴编码中,深入挖掘范畴间的联系。将初创期案例分析编码中的 9 个范畴整合为 4 个主范畴。分别为 AAA1 人力资源管理风险、AAA2 生产运营风险、AAA3 上层建筑风险和 AAA4 外部影响风险。成长期和成熟期的二级编码结果与初创期大致相似,分别将两个发展阶段孤立存在的 12 和 13 个范畴规划为人力资源管理风险、经营运作风险、上层建筑风险和外部影响风险(分别以"BBB"和"CCC"标注)。

表4-40 初创期创业团队道德发展的案例分析编码表

| 主范畴 | 范畴 | 概念 | 初始概念 |
|---|---|---|---|
| AAA1 人力资源管理风险 | AA1 员工风险 | A1 员工结构 | a1 员工的种族分布平衡 |
| | | | a2 员工的性别分布平衡 |
| | | | a3 吸引顶尖人才 |
| | | | a4 聘用专业技术人员 |
| | | A2 员工态度 | a5 员工认同度 |
| | | | a6 员工满意度 |
| | AA2 管理风险 | A3 管理者素养 | a7 管理者道德修养 |
| | | | a8 企业家吃苦耐劳 |
| | | | a9 创始人的为人 |
| | | A4 管理者能力 | a10 管理团队经验不足 |
| | | | a11 技术者不善管理 |
| | | | a12 严格把控 |
| | | | a13 随机应变 |
| | | A5 管理层结构 | a14 管理层种族分布平衡 |
| | | | a15 管理层性别分布平衡 |
| | | | a16 治理结构良好 |
| | | A6 团队氛围 | a17 公司内讧 |
| | | | a18 资金庞大引利益冲突 |
| | | | a19 协调核心团队利益 |
| | | | a20 健康运转 |
| AAA2 生产运营风险 | AA3 生产风险 | A7 产品价值观 | a21 产品的正向价值 |
| | | | a22 自主武器 |
| | | | a23 取代人类 |
| | | | a24 避免种族歧视 |
| | | | a25 避免偏见 |
| | | A8 生产技术 | a26 内部试用 |

续表

| 主范畴 | 范畴 | 概念 | 初始概念 |
|---|---|---|---|
| AAA2 生产运营风险 | AA3 生产风险 | A8 生产技术 | a27 生产技术不成熟 |
| | | | a28 技术研发 |
| | | A9 产品质量 | a29 产品质量 |
| | | | a30 货真价实 |
| | | | a31 产品安全 |
| | AA4 营销风险 | A10 营销道德 | a32 不道德营销 |
| | | | a33 不合理营销 |
| | | | a34 低俗商业宣传 |
| | | | a35 博人眼球 |
| | | | a36 传播不良信息 |
| | | A11 品牌意识 | a37 品牌辨识度 |
| | | | a38 品牌同质化 |
| | | | a39 无意义变革传统行业 |
| | | | a40 商标设计不文明 |
| AAA3 上层建筑风险 | AA5 经营理念风险 | A12 经济价值观 | a41 商业定位失误 |
| | | | a42 追求暴利 |
| | | | a43 短期利益 |
| | | | a44 只重市场需求 |
| | | | a45 产品伦理 |
| | | A13 社会价值观 | a46 过分追求"个性" |
| | | | a47 诚实守信 |
| | | | a48 坚守道德底线 |
| | | | a49 认清责任 |
| | | | a50 正义的价值观 |
| | AA6 规则制度 | A14 团队规则 | a51 制定企业原则 |
| | | A15 行业潜规则 | a52 行业不成熟 |

续表

| 主范畴 | 范畴 | 概念 | 初始概念 |
|---|---|---|---|
| AAA3<br>上层<br>建筑<br>风险 | AA6 规则制度 | A15 行业潜规则 | a53 缺乏统一标准 |
| | | | a54 造假政府监管报告 |
| | | A16 法律法规 | a55 打法律擦边球 |
| | | | a56 注重政策监管 |
| | | | a57 关注有关条例 |
| | | | a58 紧贴政府政策 |
| | | | a59 无证经营 |
| | | | a60 缴税 |
| AAA4<br>外部<br>影响<br>风险 | AA7 与合作者关系 | A17 与合作者关系 | a61 编造成功经验 |
| | | | a62 诱骗加盟 |
| | | | a63 洗脑培训 |
| | | | a64 欺诈投资方 |
| | | | a65 帮助其他创业公司 |
| | AA8 与消费者关系 | A18 消费者教育 | a66 影响青少年三观 |
| | | | a67 消费者认知教育 |
| | | | a68 引诱未成年人 |
| | | A19 消费者利益 | a69 消费者健康 |
| | AA9 与社会关系 | A20 与社会关系 | a70 有益于社会 |
| | | | a71 社会价值 |

**表4-41　成长期创业团队道德发展的案例分析编码表**

| 主范畴 | 范畴 | 概念 | 初始概念 |
|---|---|---|---|
| BBB1<br>人力<br>资源<br>管理<br>风险 | BB1 员工风险 | B1 员工态度 | b1 员工归属感 |
| | | | b2 员工高投入 |
| | | | b3 忠诚 |
| | | | b4 员工认同度 |
| | | | b5 员工满意度 |

续表

| 主范畴 | 范畴 | 概念 | 初始概念 |
|---|---|---|---|
| BBB1 人力资源管理风险 | BB1 员工风险 | B2 员工素质 | b6 产品经理 |
| | | | b7 道德纳入招聘 |
| | | | b8 招聘有职业道德的人 |
| | | B3 员工利益 | b9 不合理晋升 |
| | | | b10 欺骗员工以施压 |
| | | | b11 维护员工利益 |
| | BB2 管理风险 | B4 管理者素质 | b12 管理者道德修养 |
| | | | b13 迷失自我 |
| | | | b14 无视个人价值观 |
| | | B5 组织结构 | b15 高管派系斗争 |
| | | | b16 组织变革不适应 |
| | | | b17 治理结构良好 |
| | | | b18 健康运转 |
| BBB2 经营运作风险 | BB3 产品生产风险 | B6 生产质量 | b19 产品质量 |
| | | | b20 成分超标 |
| | | | b21 生产质量 |
| | | | b22 严格审核 |
| | | B7 生产内容 | b23 泡沫经济 |
| | | | b24 语言粗俗 |
| | | | b25 数据造假 |
| | | | b26 抄袭 |
| | | | b27 合理的产品 |
| | | | b28 人设引导 |
| | | | b29 语言粗俗 |
| | | | b30 吃人血馒头 |
| | | | b31 贩卖焦虑 |
| | | | b32 虚构写作 |

续表

| 主范畴 | 范畴 | 概念 | 初始概念 |
|---|---|---|---|
| BBB2 经营运作风险 | BB3 产品生产风险 | B8 生产技术 | b33 发展硬科技 |
| | | | b34 完善产品 |
| | | | b35 技术积极发展 |
| | | B9 生产价值观 | b36 产品价值观 |
| | | | b37 产品的正向价值 |
| | | B10 产品价格 | b38 明码标价 |
| | | | b39 合理的服务定价 |
| | BB4 营销宣传风险 | B11 营销道德 | b40 虚假宣传 |
| | | | b41 大量电子烟广告宣传 |
| | | | b42 门户效应 |
| | | | b43 噱头 |
| | | | b44 正当宣传 |
| | | | b45 发布虚假内容 |
| | | | b46 制造谣言 |
| | | | b47 传销 |
| | | | b48 短平快营销 |
| | BB5 售后服务风险 | B12 售后跟进 | b49 及时回应 |
| | | | b50 完善服务 |
| | | | b51 跟踪持续服务 |
| | BB6 运作模式风险 | B13 运作模式 | b52 商业变现滞后于规模壮大 |
| | | | b53 非法收取押金 |
| | | | b54 非法向上积累财富 |
| | | | b55 道德风险纳入成本核算 |
| | | B14 品牌意识 | b56 品牌形象 |

续表

| 主范畴 | 范畴 | 概念 | 初始概念 |
|---|---|---|---|
| BBB3 上层建筑风险 | BB7 经营理念风险 | B15 企业经济观 | b57 只重订单增速 |
| | | | b58 盲目扩张 |
| | | | b59 追求高利润 |
| | | | b60 追逐经济利益 |
| | | | b61 野蛮生长 |
| | | | b62 绩效主义 |
| | | B16 企业道德观 | b63 商业道德沦陷 |
| | | | b64 价值观偏激 |
| | | | b65 挑战道德底线 |
| | | | b66 企业道德 |
| | | | b67 企业价值观 |
| | | | b68 坚守道德底线 |
| | | | b69 提高道德底线 |
| | | | b70 公司行善正义的价值观 |
| | BB8 规则制度 | B17 团队制度 | b71 制定企业原则 |
| | | B18 行业潜规则 | b72 灰色地带 |
| | | | b73 漠视规则 |
| | | B19 法律法规 | b74 非法代理 |
| | | | b75 缴税 |
| BBB4 外部影响风险 | BB9 与合作者关系 | B20 合作者意向 | b76 投资者意向 |
| | | | b77 投资方的利益倾向 |
| | | | b78 只关注赞助商需求 |
| | | | b79 投资方声誉 |
| | | B21 合作者矛盾 | b80 方向转变 |
| | | | b81 工程质量纠纷 |
| | BB10 与同行关系 | B22 与竞争者关系 | b82 不正当竞争 |
| | | | b83 碰瓷营销 |

续表

| 主范畴 | 范畴 | 概念 | 初始概念 |
|---|---|---|---|
| BBB4 外部影响风险 | BB11 与消费者关系 | B23 消费者利益 | b84 消费者利益 |
| | | | b85 满足消费者合理需求 |
| | | | b86 青少年保护 |
| | | B24 消费者教育 | b87 消费习惯引导 |
| | | B25 消费者流失 | b88 用户流失 |
| | | | b89 消费者信任 |
| | BB12 与社会关系 | B26 社会责任 | b90 促进就业 |
| | | | b91 企业与社会责任的关系 |
| | | | b92 经济和伦理价值统一 |
| | | | b93 教育市场 |
| | | | b94 认清责任 |

**表 4-42　成熟期创业团队道德发展的案例分析编码表**

| 主范畴 | 范畴 | 概念 | 初始概念 |
|---|---|---|---|
| CCC1 人力资源管理风险 | CC1 员工风险 | C1 员工态度 | c1 忠诚 |
| | | | c2 员工认同度 |
| | | | c3 员工满意度 |
| | | C2 员工素质 | c4 会计道德 |
| | | | c5 道德自律意识 |
| | | | c6 提高员工道德感 |
| | | C3 员工培训 | c7 入职前道德审核 |
| | | | c8 加强员工遵纪守法意识 |
| | | | c9 加强职业操守培养 |
| | | C4 员工利益 | c10 压榨员工剩余价值 |
| | | | c11 员工社保不完善 |
| | | | c12 员工子女教育 |

续表

| 主范畴 | 范畴 | 概念 | 初始概念 |
| --- | --- | --- | --- |
| CCC1 人力资源管理风险 | CC2 人员结构风险 | C5 团队建设 | c13 特殊节日 |
| | | C6 人力流动 | c14 道德纳入招聘 |
| | | | c15 招聘有职业道德的人 |
| | | | c16 人力不足 |
| | | | c17 辞退不道德员工 |
| | | C7 道德监管机构 | c18 道德管理专员 |
| | | | c19 信息专员办公室 |
| | | | c20 监管机构 |
| | | | c21 金融行为监管局 |
| | | C8 管理结构 | c22 公司治理领导 |
| | | | c23 治理结构良好 |
| | | | c24 健康运转 |
| | | | c25 健全管理体系 |
| | CC3 管理者风险 | C9 管理者意识 | c26 管理者道德水平 |
| | | | c27 管理者的自制力 |
| | | | c28 管理人的逻辑判断 |
| | | | c29 区域经理只重业绩 |
| | | C10 管理者行为 | c30 贪腐 |
| | | | c31 管理者品行不端 |
| | | | c32 管理者表里不一 |
| | | | c33 管理者非法行为 |
| | | C11 管理者影响 | c34 公众人物影响力 |
| CCC2 经营运作风险 | CC4 生产风险 | C12 生产质量 | c35 众包数据质量 |
| | | | c36 优质原材料 |
| | | C13 生产内容 | c37 行业间的数据交易 |
| | | | c38 引发争议 |

续表

| 主范畴 | 范畴 | 概念 | 初始概念 |
|---|---|---|---|
| CCC2 经营运作风险 | CC4 生产风险 | C13 生产内容 | c39 知识产权保护不充分 |
| | | | c40 创新 |
| | | C14 生产价值观 | c41 产品不是利益工具 |
| | | | c42 产品的正向价值 |
| | CC5 营销风险 | C15 营销道德 | c43 不实推广 |
| | | | c44 公关 |
| | | | c45 不强制推销 |
| | CC6 服务风险 | C16 售后服务 | c46 无处维权 |
| | | | c47 服务质量 |
| | | | c48 售后管理 |
| | | | c49 迅速回应 |
| | CC7 运作风险 | C17 运作模式 | c50 不实折扣 |
| | | | c51 只说不做 |
| | | C18 道德实践力 | c52 道德实践力 |
| | | | c53 道德决策 |
| | | | c54 道德辩论 |
| | | C19 生产运作监管 | c55 道德监管 |
| | | | c56 运营管理混乱 |
| | | | c57 公司监管不到位 |
| | | | c58 资产管理严格把关 |
| | | C20 品牌意识 | c59 企业商誉 |
| | | | c60 企业形象 |
| | | | c61 商标纠纷 |
| | | | c62 声誉 |

续表

| 主范畴 | 范畴 | 概念 | 初始概念 |
|---|---|---|---|
| CCC3 上层建筑风险 | CC8 经营理念风险 | C21 企业经济观 | c63 可持续发展观 |
| | | C22 企业道德观 | c64 数字伦理 |
| | | | c65 公平 |
| | | | c66 诚信诚实 |
| | | | c67 尊重 |
| | | | c68 责任 |
| | | | c69 道德文化 |
| | | | c70 坚守道德底线 |
| | | | c71 遵循商业道德标准 |
| | | | c72 公司行善正义的价值观 |
| | | C23 企业管理观 | c73 公开透明 |
| | | | c74 坚守原则 |
| | | | c75 人本主义 |
| | CC9 规章制度 | C24 团队制度 | c76 制度混乱 |
| | | | c77 行为准则 |
| | | | c78 行为有据可依 |
| | | | c79 制定企业原则 |
| | | C25 法律法规 | c80 偷税漏税 |
| | | | c81 道德与合规计划 |
| | | | c82 缴税 |
| | | | c83 钻政府规定的空子 |
| CCC4 外部影响风险 | CC10 与合作者关系 | C26 维护合作者利益 | c84 帮助其他小企业 |
| | | | c85 股东利益 |
| | | C27 与合作者的矛盾 | c86 向第三方推卸责任 |
| | | | c87 与合作者的矛盾 |
| | CC11 与竞争者关系 | C28 与竞争者关系 | c88 封杀竞品 |

133

续表

| 主范畴 | 范畴 | 概念 | 初始概念 |
|---|---|---|---|
| CCC4 外部影响风险 | CC12 消费者利益 | C29 消费者隐私 | c89 用户隐私保护 |
| | | | c90 告知用户数据用途 |
| | | | c91 获取用户信息 |
| | | | c92 交易用户数据 |
| | | C30 消费者需求 | c93 深入研究客户 |
| | | | c94 消费者切实需求 |
| | | | c95 以客户为中心 |
| | | | c96 满足客户多元化需求 |
| | | C31 消费者承诺 | c97 让用户负担企业错误 |
| | | | c98 动用用户押金 |
| | | | c99 顾客利益 |
| | | C32 诱导消费者 | c100 页面设计诱导消费者 |
| | | | c101 与用户玩文字游戏 |
| | | | c102 隐蔽入口 |
| | | C33 消费者教育 | c103 拒绝客户非道德要求 |
| | | | c104 用户监管 |
| | | | c105 积极介入不道德信息传播 |
| | CC13 社会责任 | C34 公益救助 | c106 回报社会 |
| | | | c107 慈善捐款 |
| | | | c108 助学 |
| | | | c109 关爱老人 |
| | | | c110 扶贫救济 |
| | | | c111 头条寻人 |
| | | C35 环境保护 | c112 环保健康 |
| | | | c113 维护互联网生态 |
| | | | c114 社交健康发展 |
| | | | c115 吞噬全球经济 |

续表

| 主范畴 | 范畴 | 概念 | 初始概念 |
|---|---|---|---|
| CCC4 外部影响风险 | CC13 社会责任 | C36 政治军事道德 | c116 干涉军事 |
| | | | c117 干涉政治 |
| | | | c118 为政府民生建设建言 |
| | | C37 承担社会责任 | c119 企业公民与责任 |
| | | | c120 经济和伦理价值统一 |
| | | | c121 社会责任规划 |

对主轴编码结果进行了频率分析,以探讨剔除重复前的初始概念在不同发展阶段各主维度下的分布情况(详见表4-43)。初创期的创业团队的道德案例最为关注人力资源管理风险方面影响与评价,共提取出29个初始概念,在初创期主轴编码结果中占总体比例的33%。成长期企业的主要目标是扩大生产,其道德敏感性问题和建设也更多与经营运作环节有关,该主范畴下涵盖了46个初始概念,显著高于不同发展时期的企业。成熟期团队更注重自身与外界的互动,案例资料中提及外部影响风险的概念频次最高(55次),在成熟期初始概念分布中占38%。不同发展阶段的创业团队在各主范畴下的频次分布情况见图4-1。

表4-43 案例分析主范畴频次分布表

| 主范畴 | 初创期 频次 | 初创期 频率 | 成长期 频次 | 成长期 频率 | 成熟期 频次 | 成熟期 频率 |
|---|---|---|---|---|---|---|
| 人力资源管理风险 | 29 | 0.33 | 19 | 0.18 | 36 | 0.25 |
| 经营运作风险 | 25 | 0.28 | 46 | 0.43 | 30 | 0.21 |
| 上层建筑风险 | 21 | 0.24 | 20 | 0.19 | 22 | 0.15 |
| 外部影响风险 | 14 | 0.16 | 22 | 0.21 | 55 | 0.38 |
| 总计 | 89 | | 107 | | 143 | |

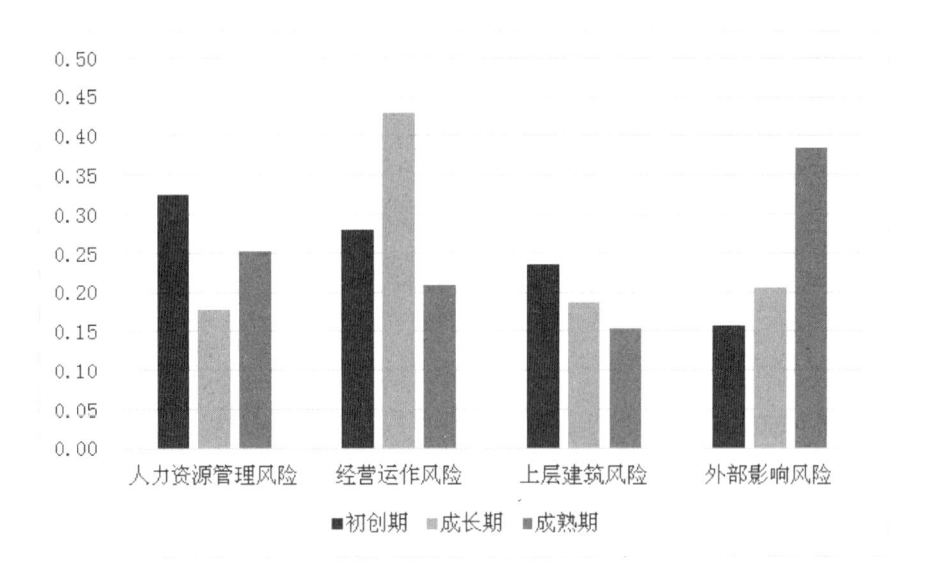

[图表：柱状图，横轴为人力资源管理风险、经营运作风险、上层建筑风险、外部影响风险，纵轴为频率，图例为初创期、成长期、成熟期]

**图4-2　案例分析主范畴频率分布柱状图**

### （三）案例分析的选择性编码

选择性编码是将归纳出的各个主范畴用故事线串联，为核心范畴服务的过程。从三个发展阶段的案例资料中所提取出的4个主范畴虽在命名上有所出入，但这种差异主要反映的是不同阶段在个范畴下的细节差异，而主范畴间的串联方式是一致的。因此对三个发展阶段进行统一的选择性编码。

四个主范畴间有交互关系，基本关系网见下图4-3。一个事件对另一个事件的影响需要主体、客体和行为三个要素，而行为又可分为行为触发和行为方式。其一，人力风险也是道德风险的一部分，企业的人力资源管理方式决定了团队中管理者、员工和二者分布结构的走向。例如健康的人力管理体系会激发团队成员投入到工作当中，这种高投入的工作态度有利于企业绩效的提升；企业的规章制度、文化建设是否能够落实，也与人力管理效率有着密不可分的关系；正确的员工培训和监督保障团队成员的正确行事方式，避免不道德的员工行为为企业内部和外部交往埋下隐患。其二,生产和运营是企业最表层的行为,它们是团队与创收、与外界的对话的皮肤。企业的运作需要团队内部制度、行业规范、法律法规和道德价值观等行为准则指导,同时,创业团队可在经营实践中总结和丰富管理经验,以更好地指导团队发展;正确的产品价值观、较高的道德敏感性和行之有效的管理办法有利于保障团队的生产及营销活动不偏倚,为企业树立良好形象,在长远发展角度提高团队绩效。其三,创业企业正向的上层建筑体系通过团队行为结果间接影响外界对于企业的看法,即企业形象和品牌效应。其四,如同没有人是孤立存在的个体,企业也深处一个繁复的关系网之中。并且随着不断发展,创业团队会与越来越多的第三方发生碰撞,社会共通的道德标准像一张企业名片,在团队长久发展中有着重要作用。

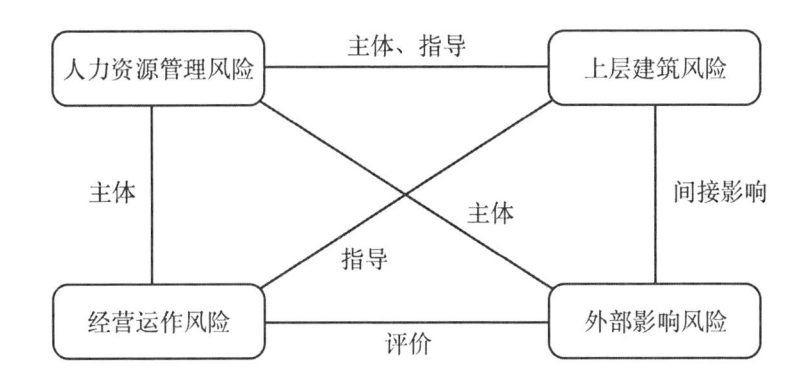

图 4-3 案例分析主范畴总览关系图

本研究的核心范畴是创业团队道德敏感性及其与绩效的关系。总的来说,创业团队需要树立具有一定水平的道德敏感性的文化风向,以此指导员工和管理者的意识、态度和行为,并通过培训、监管、价值观输出等等方式促使团队成员将明确统一的企业文化付诸实践,由此引发对团队内部和团队外的合作者、竞争者、消费者乃至整个社会的影响,这种影响再次与团队自身形成互动反馈,从而左右团队绩效的发展变化。各主范畴与核心范畴的关系表见下表 4-44。

表4-44 案例分析选择性编码结果表

| 结构关系 | 维度阐释 |
| --- | --- |
| 人力管理风险→道德敏感性与绩效 | 人力资源管理体系影响了团队主体的道德敏感性选择，间接影响团队绩效 |
| 经营运作风险→道德敏感性与绩效 | 经营运作的道德水平影响团队生产运营质量，进而影响品牌形象 |
| 上层建筑风险→道德敏感性与绩效 | 团队的价值观、规章与准则，以及实践情况与道德敏感性相互影响，间接作用于团队绩效 |
| 外部影响风险→道德敏感性与绩效 | 团队的道德敏感性影响企业的诚信水平和对外形象，在长远上直接或间接地影响团队绩效 |

### 三、访谈分析结果

对15名被试的访谈录音转换文本进行三级编码，分析范式与案例分析一致，分析结果如下。

（一）访谈分析的开放式编码

对初创期创业团队的访谈资料进行开放式编码，共提取出153个初级概念，参照编码词典合并重复后得到147个初级概念（以小写字母"a"标注）。概念包括员工结构、管理者素养、团队氛围、产品价值观、人脉关系、创收规划、运作资源、企业价值观、发展目标、团队规则、对合作者了解、与竞争者关系、消费者利益、社会影响力等等（以大写字母"A"标注）。相比文献和案例分析，访谈法得到的概念更庞杂和细节化，但提取出的范畴结构仍与案例分析结果相吻合。通过逻辑分析筛漏出14个范畴，即AA1员工风险、AA2管理者风险、AA3团队风险、AA4产品生产风险、AA5营销道德风险、AA6创收模式风险、AA7团队运作风险、AA8团队价值观、AA9团队发展方针、AA10规则制度、AA11与合作者关系、AA12与竞争者关系、AA13与消费者关系、AA14与社会关系。编码详情见表4-45。

第四章 不同时期道德敏感性对创业团队绩效的影响机制

对成长期创业团队的访谈资料进行开放式编码，共提取出237个初级概念，排重后剩余212个初级概念（以小写字母"b"标注）。访谈法所得到的信息量较案例分析更为细节和丰富，因此在归纳繁复的初级概念后得到了58个概念，远多于案例分析编码的结果。如员工结构、管理者素质、团队氛围、生产价值观、宣传方式、创收规划、团队决策方式、经济管理、对建设的态度、发展目标、团队规则、外包合作、行业问题、客户需求、社会影响力等等（以大写字母"B"标注）。在此基础上参考案例分析结果，梳理总结为15个范畴，包括BB1员工风险、BB2管理者风险、BB3团队风险、BB4产品生产风险、BB5营销道德风险、BB6创收模式风险、BB7团队运作风险、BB8团队价值观、BB9团队文化建设、BB10团队发展方针、BB11规则制度、BB12与合作者关系、BB13与竞争者关系、BB14与消费者关系和BB15与社会关系。编码详情见表4-46。

对成长期创业团队的访谈资料进行开放式编码，经整理从164个合并为157个初级概念（以小写字母"c"标注）。进而分类归纳为员工态度、管理者素质、团队内耗、产品道德、营销道德、售后服务、创收模式、经济观、建设内容、团队制度、与合作者关系、与竞争者关系、消费者隐私、公益救助等37个概念（以大写字母"C"标注）。在概念命名时，不仅会参照编码词典和前期编码结果，也会根据该概念下初始概念的内容结构和逻辑达成命名方式的统一（如CC1员工风险范畴下的概念都以"员工"开头、CC8团队价值观范畴下的概念多以"观"结尾）。在进一步的范畴梳理时，范畴命名会以名称能涵盖该范畴下的全部概念为原则。因此，相近范畴的名称可能与其他发展阶段或案例分析的命名有细微调整，但这只反映了编码结果细节上的差异，道德敏感性及其与绩效关系的整体框架仍没有较大出入。由此整合出14个范畴，命名为CC1员工风险、CC2管理者风险、CC3团队风险、CC4生产风险、CC5营销风险、CC6服务风险、CC7运作风险、CC8团队价值观、CC9团队文化建设、CC10规则制度、CC11与合作者关系、CC12与竞争者关系、CC13消费者利益、CC14社会责任。（编码详情见表4-47。）归类时总体以逻辑分析为主线，同时参考了相关研究的结论，如工作环境与个人卫生的洁净程度与员工道德标准有显著正相关，于是将c113、c122、c123等工作环境清洁度相关内容归入C28物质环境保障，进而归入范畴CC9团队文化建设。

（二）访谈分析的主轴编码

主轴编码时，运用前期大规模的文献、案例知识积累和访谈过程中的经验学习，思考和挖掘范畴与范畴之间的潜在联系。与案例分析主轴编码结果相似，对于初创期的14个范畴联结为AAA1人力资源管理风险、AAA2生产运营风险、AAA3上层建筑风险和AAA4外部关系风险；成长期和成熟期的15和14个范畴都可联结为人力资源管理风险、团队运作风险、上层建筑风险和外部关系风险四个主范畴（分别以BBB和CCC标注）。与案例分析不同的是，"外部影响风险"变为"外部关系风险"，另外成长期和成熟期的"经营运作风险"变为"团队运作风险"，这些命名变化皆为范畴下属的概念结构丰满所致，其根源是访谈资料更加翔实，具体对照分析在后文讨论中详述。

表4-45 初创期创业团队道德发展的案例分析编码表

| 主范畴 | 范畴 | 概念 | 初始概念 |
|---|---|---|---|
| AAA1人力资源管理风险 | AA1员工风险 | A1员工结构 | a1 请专业顾问 |
| | | | a2 自己的技术团队 |
| | | | a3 招聘与团队价值观相似的员工 |
| | | A2员工培养 | a4 感染员工 |
| | | | a5 激励员工 |
| | | | a6 鼓励员工创造 |
| | | | a7 鼓励员工不怕困难 |
| | | | a8 调动员工积极性 |
| | | | a9 向员工传播正能量 |
| | | | a10 劝说员工眼光长远 |
| | | | a11 庆功宴 |

续表

| 主范畴 | 范畴 | 概念 | 初始概念 |
|---|---|---|---|
| AAA1 人力资源管理风险 | AA1 员工风险 | A3 员工意识 | a12 年轻员工只重眼前利润 |
| | | | a13 年轻创业者赚快餐 |
| | | | a14 员工默默感受价值观 |
| | AA2 管理者风险 | A4 管理者素养 | a15 管理者不上心 |
| | | | a16 管理者懒散态度 |
| | | | a17 真心实意 |
| | | | a18 管理者的个人修养 |
| | | A5 管理者价值观 | a19 管理者只关心进展 |
| | | | a20 管理者只关注利润 |
| | | A6 管理者能力 | a21 管理者人生阅历 |
| | | | a22 管理者个人能力 |
| | | | a23 管理者人脉广度 |
| | | | a24 管理者的带头作用 |
| | | A7 管理者学习意识 | a25 多阅读 |
| | | | a26 积极学习管理学知识 |
| | | | a27 主动向专业人士讨教 |
| | | A8 管理层结构 | a28 主理人沟通困难导致前景不好 |
| | | | a29 主理人各取所长 |
| | | | a30 管理层职责不均衡 |
| | | | a31 系统化的职能结构 |
| | | | a32 分工明确 |
| | AA3 团队风险 | A9 团队氛围 | a33 团队仪式感 |
| | | | a34 团队凝聚力 |
| | | | a35 注重团队氛围 |
| | | | a36 员工向心力 |
| | | | a37 不给过多压力 |

续表

| 主范畴 | 范畴 | 概念 | 初始概念 |
|---|---|---|---|
| AAA2 生产运营风险 | AA4 产品生产风险 | A10 产品价值观 | a38 真诚设计 |
| | | | a39 亲力亲为 |
| | | | a40 创新 |
| | | | a41 产品的艺术价值 |
| | | | a42 产品引人深思 |
| | | A11 生产态度 | a43 反复打版 |
| | | | a44 亲自跑生产厂家 |
| | | | a45 对概念输出精打细磨 |
| | | A12 生产技术 | a46 优质设计 |
| | | | a47 技术实力不足 |
| | | A13 生产成本 | a48 提高资源使用效率 |
| | | | a49 不一味节约成本 |
| | | | a50 面料品质 |
| | | A14 产品价格 | a51 成本定价比低 |
| | AA5 营销道德风险 | A15 人脉关系 | a52 人脉关系 |
| | | | a53 朋友宣传 |
| | | | a54 通过朋友拉客户 |
| | | A16 营销宣传 | a55 公关 |
| | | | a56 阐明公司理念 |
| | | A17 品牌意识 | a57 品牌特色 |
| | | | a58 打理企业形象 |
| | AA6 创收模式风险 | A18 创收规划 | a59 合理的创收点 |
| | | | a60 盈利投入生产 |
| | | | a61 收益主要用于分配 |
| | | | a62 时间投入过多 |
| | | | a63 不过多考虑创收 |
| | | | a64 不赔钱为目的 |

续表

| 主范畴 | 范畴 | 概念 | 初始概念 |
|---|---|---|---|
| AAA2 生产运营风险 | AA6 创收模式风险 | A19 创收驱动力 | a65 综合性不足 |
| | | | a66 技术驱动 |
| | | | a67 创意驱动 |
| | AA7 团队运作风险 | A20 运作资源 | a68 不依靠外部力量 |
| | | | a69 利用自身专业 |
| | | | a70 充分利用周边资源优势 |
| | | A21 团队决策方式 | a71 团队内部充分讨论 |
| | | | a72 少数服从多数 |
| | | | a73 团队内部意见统一 |
| | | A22 运作执行力 | a74 散乱 |
| | | | a75 计划拖延 |
| | | | a76 公司运行不规律 |
| AAA3 上层建筑风险 | AA8 团队价值观 | A23 企业价值观 | a77 赚小钱 |
| | | | a78 眼光不局限 |
| | | | a79 坚持正确价值观 |
| | | | a80 提高道德准则 |
| | | | a81 从小事锻炼自己 |
| | | | a82 长视的团队文化 |
| | | | a83 团队价值观一致 |
| | | | a84 注重团队价值观 |
| | | A24 企业文化建设 | a85 无明确的企业文化 |
| | | | a86 务实敢为 |
| | | | a87 坦诚清晰 |
| | | | a88 激进的坦诚 |
| | | | a89 保持热情 |
| | | | a90 不谋而合的观念 |

续表

| 主范畴 | 范畴 | 概念 | 初始概念 |
|---|---|---|---|
| AAA3 上层建筑风险 | AA9 团队发展方针 | A25 发展目标 | a91 目标不明确 |
| | | | a92 无具体目标 |
| | | | a93 为了表达自我而非盈利 |
| | | | a94 非盈利目标 |
| | | A26 明确发展路线 | a95 小众路线 |
| | | | a96 女性路线 |
| | | | a97 明确团队优势路线 |
| | | | a98 明确团队基调 |
| | | A27 关注传统文化 | a99 关注没人做过的领域 |
| | | | a100 不模仿国外 |
| | | | a101 用中国文化吸引消费者 |
| | | | a102 宣传片以国人生活为背景 |
| | | | a103 融入中国传统文化 |
| | AA10 规则制度 | A28 团队规则 | a104 无制度 |
| | | | a105 无标准 |
| | | | a106 坚持专业准则 |
| | | | a107 严格财务程序 |
| | | A29 行业潜规则 | a108 在行业潜规则中坚持自己 |
| | | | a109 不发票造假 |
| | | A30 法律法规 | a110 国家政策 |
| AAA4 外部关系风险 | AA11 与合作者关系 | A31 对合作者了解 | a111 调查甲方产品质量 |
| | | | a112 调查甲方道德问题 |
| | | | a113 参透甲方公司发展史 |
| | | A32 对合作者态度 | a114 给生产商自由空间 |
| | | | a115 端正姿态 |
| | | | a116 真诚沟通 |

续表

| 主范畴 | 范畴 | 概念 | 初始概念 |
|---|---|---|---|
| AAA4 外部关系风险 | AA11 与合作者关系 | A32 对合作者态度 | a117 换取信任 |
| | | | a118 礼貌沟通 |
| | | | a119 一定的无偿奉献 |
| | | A33 与合作者沟通 | a120 与甲方的沟通 |
| | | | a121 人脉甲方的沟通不便 |
| | | | a122 与甲方沟通的一贯性 |
| | | | a123 朋友帮助 |
| | | | a124 不签合同 |
| | | A34 像合作者学习 | a125 在合作中相互学习 |
| | | | a126 挖掘事物背后的意义 |
| | | A35 高校创业扶持 | a127 高效创业园资源 |
| | | | a128 学校创业氛围 |
| | AA12 与竞争者关系 | A36 与竞争者关系 | a129 从大公司案例中学习 |
| | | | a130 向优秀企业靠拢 |
| | AA13 与消费者关系 | A37 消费者利益 | a131 对待顾客的诚意 |
| | | | a132 捕捉客户对产品的兴趣 |
| | | A38 消费者教育 | a133 致力于提高大众欣赏能力 |
| | | A39 市场规律 | a134 关注市场动态发展 |
| | | | a135 考虑市场需求的特殊性 |
| | AA14 与社会关系 | A40 社会影响力 | a136 用户群体积累不足 |
| | | | a137 力量小 |
| | | A41 传承责任 | a138 融入中国传统文化 |
| | | | a139 拍照在传统建筑取景 |
| | | | a140 接弘扬美德的项目 |
| | | | a141 弘扬传承精神 |
| | | | a142 宣传传统文化 |
| | | | a143 宣传濒危工艺 |

续表

| 主范畴 | 范畴 | 概念 | 初始概念 |
|---|---|---|---|
| AAA4 外部关系风险 | AA14 与社会关系 | A42 公益责任 | a144 履行社会责任 |
|  |  |  | a145 有公益想法 |
|  |  |  | a146 不考虑道德 |
|  |  |  | a147 不做公益 |

**表4-46 成长期创业团队道德发展的案例分析编码表**

| 主范畴 | 范畴 | 概念 | 初始概念 |
|---|---|---|---|
| BBB1 人力资源管理风险 | BB1 员工风险 | B1 员工结构 | b1 专业人员把控 |
|  |  |  | b2 分工协作 |
|  |  |  | b3 发挥成员特长 |
|  |  | B2 员工能力 | b4 员工业务能力 |
|  |  |  | b5 丰富个人技能 |
|  |  | B3 员工素质 | b6 年轻员工的现实感 |
|  |  |  | b7 责任感 |
|  |  |  | b8 高等教育的影响 |
|  |  |  | b9 成长环境的影响 |
|  |  |  | b10 人以群分 |
|  |  | B4 员工态度 | b11 员工不努力 |
|  |  |  | b12 员工对公司状态的漠视 |
|  |  | B5 人力不足 | b13 员工流失 |
|  |  |  | b14 资金短缺导致人力不足 |
|  |  |  | b15 大学创业时间不足 |
|  |  |  | b16 精力不足 |
|  |  | B6 员工培训 | b17 培养新人 |
|  |  |  | b18 企业理念的入职培训 |

续表

| 主范畴 | 范畴 | 概念 | 初始概念 |
|---|---|---|---|
| BBB1 人力资源管理风险 | BB1 员工风险 | B7 绩效考核 | b19 道德绩效难以量化 |
| | | | b20 严格绩效考核 |
| | | | b21 员工业务能力为第一标准 |
| | | B8 薪资福利 | b22 收益是员工的原动力 |
| | | | b23 事先明确分成 |
| | | | b24 压缩员工利润 |
| | | | b25 员工福利 |
| | | B9 员工关系维护 | b26 灵活而严谨的员工管理 |
| | | | b27 友情和利益双重关系 |
| | | | b28 待员工如朋友 |
| | | | b29 照顾员工家庭困难 |
| | | | b30 积极帮助员工 |
| | | | b31 员工的经济压力 |
| | | | b32 加班 |
| | BB2 管理者风险 | B10 管理者素质 | b33 管理者个人素质 |
| | | B11 管理者态度 | b34 管理者亲力亲为 |
| | | | b35 管理者不按时出勤 |
| | | | b36 管理者不务正业 |
| | | | b37 正视自己的不足 |
| | | B12 管理者能力 | b38 管理者的资源 |
| | | | b39 管理者的架构作用 |
| | | | b40 管理者对技术和市场的把控 |
| | | | b41 管理不当 |
| | | | b42 管理者未发挥作用 |
| | | | b43 管理者人脉关系 |
| | | B13 管理者行为 | b44 管理者的自我牺牲 |
| | | | b45 管理者以身作则 |

续表

| 主范畴 | 范畴 | 概念 | 初始概念 |
|---|---|---|---|
| BBB1 人力资源管理风险 | BB2 管理者风险 | B14 管理层结构 | b46 分工明确 |
| | | | b47 管理者技能相似性高 |
| | | | b48 不各司其职 |
| | | | b49 内部配合不好 |
| | BB3 团队风险 | B15 团队氛围 | b50 缺乏团队凝聚力 |
| | | | b51 人际关系和谐发展 |
| | | | b52 通过兴趣凝聚团队 |
| | | | b53 团队思想价值一致 |
| | | | b54 友爱的团体 |
| | | | b55 团建活动 |
| BBB2 团队运作风险 | BB4 产品生产风险 | B16 生产价值观 | b56 商业为文化的载体 |
| | | | b57 传播内容的正确性 |
| | | | b58 抓主要矛盾 |
| | | B17 产品质量 | b59 服务质量 |
| | | | b60 产品卫生 |
| | | | b61 超出客户预期 |
| | | | b62 高标准的服务 |
| | | | b63 面面俱到 |
| | | | b64 食材质量 |
| | | B18 生产态度 | b65 食材子类细化 |
| | | | b66 广查资料 |
| | | | b67 多种渠道查阅资料 |
| | | | b68 前期细致准备 |
| | | B19 生产技术 | b69 以官方知识点为依据 |
| | | | b70 统一标准 |

续表

| 主范畴 | 范畴 | 概念 | 初始概念 |
|---|---|---|---|
| BBB2 团队运作风险 | BB4 产品生产风险 | B20 生产成本 | b71 人力成本 |
| | | | b72 压缩成本 |
| | | | b73 成本投入的合适性 |
| | BB5 营销道德风险 | B21 宣传方式 | b74 电视台宣传 |
| | | | b75 参加会展 |
| | | | b76 借用有利宣传平台 |
| | | | b77 有效的宣传渠道 |
| | | B22 营销道德 | b78 传播内容把控 |
| | | | b79 宣传底气 |
| | | B23 品牌意识 | b80 口碑 |
| | | | b81 企业形象 |
| | | | b82 不需通过社会责任维护形象 |
| | | | b83 难为制作团队提升绩效 |
| | BB6 创收模式风险 | B24 创收规划 | b84 损失利润 |
| | | B25 创收驱动力 | b85 价格优势 |
| | | | b86 接不到项目 |
| | | | b87 提升核心竞争力 |
| | | | b88 不择手段 |
| | BB7 团队运作风险 | B26 团队决策方式 | b89 集体讨论 |
| | | | b90 友善讨论 |
| | | | b91 鼓励分享异同 |
| | | | b92 责任人意见为主 |
| | | B27 风险评估 | b93 预估决策风险 |
| | | | b94 不冒险 |

续表

| 主范畴 | 范畴 | 概念 | 初始概念 |
|---|---|---|---|
| BBB3 上层建筑风险 | BB8 团队价值观 | B28 经济观 | b95 只注重利益 |
| | | | b96 微商概念模糊 |
| | | B29 发展观 | b97 谋求长久发展 |
| | | | b98 不忘初心 |
| | | B30 企业文化 | b99 民主 |
| | | | b100 开放 |
| | | | b101 自由 |
| | | | b102 诚意 |
| | | | b103 信任 |
| | | | b104 雄心壮志 |
| | | B31 道德准则 | b105 道德准则 |
| | | | b106 内部道德合理化 |
| | | | b107 不危害社会为底线 |
| | | | b108 道德难以衡量 |
| | | | b109 无愧于心 |
| | | | b110 维持道德标准 |
| | | | b111 不违背道德标准 |
| | | | b112 坚守公司底线 |
| | | | b113 提高道德水准会降低绩效 |
| | | | b114 坚持职业操守 |
| | | B32 版权意识 | b115 版权意识 |
| | | | b116 知识产权保护 |
| | BB9 团队文化建设 | B33 对建设的态度 | b117 无团队文化建设 |
| | | | b118 无道德建设 |
| | | | b119 团建意义单薄 |

续表

| 主范畴 | 范畴 | 概念 | 初始概念 |
|---|---|---|---|
| BBB3 上层建筑风险 | BB9 团队文化建设 | B34 建设原则 | b120 价值观细化 |
| | | | b121 不讲虚的 |
| | | | b122 全体认可 |
| | | B35 建设内容 | b123 调动价值观学习的积极性 |
| | | | b124 价值观被误解 |
| | | | b125 多次集体讨论明确价值观 |
| | | | b126 团建以团队产品为依托 |
| | | | b127 避免文化稀释 |
| | | B36 物质环境保障 | b128 海报宣传 |
| | | | b129 价值观邮件答题 |
| | | | b130 有奖答题 |
| | | | b131 个人卫生 |
| | BB10 团队发展方针 | B37 发展目标 | b132 明确要做的事 |
| | | | b133 商业目标为主 |
| | | | b134 非商业目的 |
| | | | b135 文化与收益结合 |
| | | B38 发展速度 | b136 发展慢中求稳 |
| | | | b137 缓慢成长 |
| | | B39 发展任务 | b138 表达自我 |
| | | | b139 资本积累 |
| | | | b140 经验沉淀 |
| | | | b141 发展客户 |
| | | B40 发展路线 | b142 发挥专业优势 |
| | | | b143 取长补短 |
| | | | b144 逐渐社会化 |

续表

| 主范畴 | 范畴 | 概念 | 初始概念 |
|---|---|---|---|
| BBB3 上层建筑风险 | BB11 规则制度 | B41 团队规则 | b145 日常规范逐渐制度化 |
| | | | b146 请假制度逐渐规则化 |
| | | | b147 制度不合理 |
| | | | b148 大学生创业的学校规范 |
| | | | b149 团队内部成文规则 |
| | | B42 行业规则 | b150 报销程序只重便利 |
| | | | b151 行业透明 |
| | | | b152 危害市场规则 |
| | | | b153 行业统一报价 |
| | | | b154 维护行业规则 |
| | | | b155 不恶意压价 |
| | | B43 法律法规 | b156 法律准则 |
| | | | b157 不反党反社会 |
| | | | b158 依法履责 |
| | | | b159 国家药食两用标准 |
| | | | b160 用量规定 |
| | | | b161 不偷税漏税 |
| | | | b162 法律法规为先 |
| BBB4 外部关系风险 | BB12 与合作者关系 | B44 外包合作 | b163 外包为主 |
| | | B45 与合作者关系维护 | b164 合作商关系 |
| | | | b165 利益关系为主 |
| | | | b166 合作情感物化 |
| | | | b167 通过送礼维系客户 |
| | | | b168 善待工人 |
| | | | b169 给予工人一定福利 |

续表

| 主范畴 | 范畴 | 概念 | 初始概念 |
|---|---|---|---|
| BBB4 外部关系风险 | BB12 与合作者关系 | B46 承诺关系 | b170 空头承诺 |
| | | | b171 用金钱维护承诺关系 |
| | | | b172 不盲目承诺 |
| | | B47 合作者的道德问题 | b173 不考虑甲方产品质量 |
| | | | b174 关注益于社会的甲方 |
| | | | b175 供应商质量 |
| | | | b176 判断合作商的言行 |
| | | | b177 合作方拖欠工资 |
| | | | b178 合作方不履行合同 |
| | | | b179 合作方流程烦琐 |
| | | | b180 合同细则不明确 |
| | | B48 高校创业扶持 | b181 大学生创业培训 |
| | | | b182 学校检查 |
| | BB13 与竞争者关系 | B49 行业问题 | b183 行业环境黑暗 |
| | | | b184 抄袭 |
| | | B50 垄断压榨 | b185 垄断企业买断 |
| | | | b186 垄断企业压榨 |
| | | | b187 竞争不过大品牌 |
| | | B51 竞争后患 | b188 不得已的价格竞争 |
| | | | b189 损失同行信任 |
| | BB14 与消费者关系 | B52 客户需求 | b190 迎合市场需求 |
| | | | b191 提前考虑顾客需求 |
| | | | b192 充分尊重顾客 |
| | | | b193 为客户特殊定制 |
| | | | b194 为顾客着想 |
| | | | b195 以客户为主 |

续表

| 主范畴 | 范畴 | 概念 | 初始概念 |
|---|---|---|---|
| BBB4 外部关系风险 | BB14 与消费者关系 | B53 客户反馈 | b196 吸取用户反馈 |
| | | | b197 根据顾客反馈调整 |
| | | | b198 对顾客负责 |
| | | B54 客户关系 | b199 维系客户关系 |
| | | | b200 待客户为朋友 |
| | | | b201 提高客户满意度 |
| | BB15 与社会关系 | B55 社会影响力 | b202 无能力做公益活动 |
| | | | b203 公益宣传力度有限 |
| | | | b204 公益活动社会影响力有限 |
| | | B56 传承责任 | b205 中国传统文化宣传 |
| | | | b206 传播中医药文化 |
| | | B57 社会责任 | b207 让更多人受益 |
| | | | b208 减少大众对中医的误解 |
| | | B58 公益态度 | b209 公益活动意义不大 |
| | | | b210 公益宣传成本大于收获 |
| | | | b211 公益活动杯水车薪 |
| | | | b212 无社会责任的使命感 |

表4-47 成熟期创业团队道德发展的案例分析编码表

| 主范畴 | 范畴 | 概念 | 初始概念 |
|---|---|---|---|
| CCC1 人力资源管理风险 | CC1 员工风险 | C1 员工态度 | c1 不要想得太复杂 |
| | | | c2 （团队道德使员工有）与有荣焉的自豪感 |
| | | | c3 员工以公司为傲 |
| | | | c4 人才聚集提升员工自信 |
| | | | c5 员工消极怠工 |

续表

| 主范畴 | 范畴 | 概念 | 初始概念 |
|---|---|---|---|
| CCC1 人力资源管理风险 | CC1 员工风险 | C2 员工招聘 | c6 不重视实习生道德修养 |
| | | | c7 社会招聘背调 |
| | | | c8 更重员工技术水平 |
| | | | c9 拒绝数据泄密前科 |
| | | | c10 招聘标准严格 |
| | | | c11 通过薪资吸引人才 |
| | | | c12 招募符合企业价值观的人 |
| | | | c13 背景调查 |
| | | C3 员工培训 | c14 面试官代表公司形象 |
| | | C4 员工行为 | c15 第一时间指出和改正问题 |
| | | | c16 员工积极建言 |
| | | | c17 不愿分享 |
| | | | c18 不愿细究 |
| | | | c19 员工务实 |
| | | C5 员工利益 | c20 保证员工学习的空间 |
| | | | c21 保证员工成长的空间 |
| | | | c22 保证员工回报的空间 |
| | CC2 管理者风险 | C6 管理者素质 | c23 风正明清 |
| | | | c24 无贪污 |
| | | | c25 无腐败 |
| | | | c26 无受贿 |
| | | C7 管理者影响 | c27 管理者以技术服众 |
| | | | c28 管理者覆盖面有限 |
| | | | c29 上行下效 |
| | CC3 团队风险 | C8 团队内耗 | c30 员工内部流动后不合 |
| | | | c31 团队间包容性不强 |

续表

| 主范畴 | 范畴 | 概念 | 初始概念 |
|---|---|---|---|
| CCC1 人力资源管理风险 | CC3 团队风险 | C8 团队内耗 | c32 降低内耗 |
| | | | c33 一致对外 |
| | | | c34 部门间争夺 |
| | | C9 人力流失 | c35 员工培养成本 |
| | | | c36 跳槽导致生产率浪费 |
| | | | c37 无故离职 |
| | | | c38 团队解散 |
| | | C10 团队建设 | c39 团队纪念日 |
| | | | c40 团建活动多样化 |
| | | | c41 拉近成员距离 |
| | | C11 团队沟通 | c42 任务分配合理 |
| | | | c43 提高沟通效率 |
| | | C12 团队氛围 | c44 员工向心力 |
| | | | c45 团队氛围影响团队协作 |
| | | | c46 团队成员目标一致 |
| | | | c47 团队氛围融洽 |
| | | | c48 增强对团队投入感 |
| | | | c49 员工归属感低 |
| CCC2 团队运作风险 | CC4 生产风险 | C13 产品道德 | c50 产品设计亲道德反组织 |
| | | | c51 杜绝数据造假 |
| | | | c52 产品安全性 |
| | | | c53 用户隐私性 |
| | | C14 产品质量 | c54 多次产品内测 |
| | | | c55 更新迭代速度快 |
| | | C15 行业潜规则 | c56 与行业潜规则斗争 |
| | | | c57 使用破解软件 |
| | | | c58 盗用开源代码 |

续表

| 主范畴 | 范畴 | 概念 | 初始概念 |
|---|---|---|---|
| CCC2 团队运作风险 | CC5 营销风险 | C16 营销道德 | c59（品牌形象）吸引客户 |
| | | C17 品牌意识 | c60 市场品牌 |
| | | | c61 为候选人考虑 |
| | | | c62 尊重候选人 |
| | | | c63 候选人信息保护 |
| | | | c64 改善企业形象 |
| | | | c65 强调用户安全的形象 |
| | CC6 服务风险 | C18 售后服务 | c66 及时调整产品 |
| | CC7 运作风险 | C19 创收模式 | c67 用教育赚钱 |
| | | | c68 用商品赚钱 |
| | | | c69 导致产品丧失竞争力 |
| | | | c70 提升员工创造力 |
| | | | c71 鼓励思考 |
| | | C20 运作模式 | c72 企业转型 |
| | | | c73 业务快速发展 |
| | | | c74 程序效率低 |
| | | | c75 内部流程问题 |
| | | | c76 提高沟通效率 |
| | | C21 生产运作监管 | c77 邮件抄送负责人 |
| | | | c78 适时督促 |
| | | | c79 严格内部权限使用 |
| | | C22 道德实践力 | c80 贯彻制度 |
| CCC3 上层建筑风险 | CC8 团队价值观 | C23 经济观 | c81 经济道德的红线 |
| | | C24 管理观 | c82 杜绝结党营私 |
| | | | c83 杜绝拉帮结派 |
| | | | c84 不加班 |

续表

| 主范畴 | 范畴 | 概念 | 初始概念 |
|---|---|---|---|
| CCC3 上层建筑风险 | CC8 团队价值观 | C24 管理观 | c85 管理者责任制 |
| | | | c86 扁平化管理 |
| | | | c87 信任员工 |
| | | | c88 薪资不透明 |
| | | | c89 不考察 KPI |
| | | | c90 关注员工成果 |
| | | | c91 信息透明 |
| | | C25 道德观 | c92 对不道德行为态度坚决 |
| | | | c93 道德上没有完美的产品 |
| | | | c94 辩证地看问题 |
| | | | c95 取乎其上得乎其中 |
| | | | c96 提高道德标准 |
| | | | c97 道德建设更严格 |
| | | C26 企业文化 | c98 正确的价值观 |
| | | | c99 看长线 |
| | | | c100 民主 |
| | | | c101 开放 |
| | | | c102 自由 |
| | | | c103 务实敢为 |
| | | | c104 坦诚清晰 |
| | | | c105 延迟享乐 |
| | | | c106 激进的坦诚 |
| | | | c107 专注于一点 |
| | CC9 团队文化建设 | C27 建设内容 | c108 调动员工学习价值观的积极性 |
| | | | c109 洗脑式输入 |

续表

| 主范畴 | 范畴 | 概念 | 初始概念 |
|---|---|---|---|
| CCC3 上层建筑风险 | CC9 团队文化建设 | C27 建设内容 | c110 宣传企业文化标语 |
| | | | c111 每月反腐培训 |
| | | | c112 定期数据安全培训 |
| | | C28 物质环境保障 | c113 办公环境整洁 |
| | | | c114 海报宣传 |
| | | | c115 价值观邮件答题 |
| | | | c116 有奖答题 |
| | | | c117 公司文化张贴 |
| | | | c118 电话间 |
| | | | c119 工作室 LOGO |
| | | | c120 品牌商标的美观 |
| | | | c121 强制观看网课 |
| | | | c122 办公环境敞亮 |
| | | | c123 及时管理卫生 |
| | CC10 规则制度 | C29 团队制度 | c124 对蹭绩效者严惩 |
| | | | c125 小组领导负责制 |
| | | | c126 工作白皮书 |
| | | | c127 甲方规则为依据 |
| | | | c128 公司规定 |
| | | | c129 入职手册 |
| | | | c130 事故通报 |
| | | | c131 日计划 |
| | | | c132 周计划 |
| | | | c133 靠制度维系员工关系 |
| | | | c134 制度细致化 |
| | | | c135 严格财务制度 |
| | | | c136 优化制度流程 |
| | | | c137 数据安全保密协议 |

续表

| 主范畴 | 范畴 | 概念 | 初始概念 |
|---|---|---|---|
| CCC3 上层建筑风险 | CC10 规则制度 | C30 法律法规 | c138 不偷税漏税 |
| | | | c139 不挪用公款 |
| | | | c140 大公司绝不钻法律漏洞 |
| | | | c141 法律法规红线 |
| CCC4 外部关系风险 | CC11 与合作者关系 | C31 与合作者关系 | c142 与合作者目标一致 |
| | CC12 与竞争者关系 | C32 与竞争者关系 | c143 良性竞争 |
| | | | c144 抵制不良商家 |
| | CC13 消费者利益 | C33 消费者隐私 | c145 用户隐私保护 |
| | | | c146 用户协议公开透明 |
| | | C34 消费者需求 | c147 用户是上帝 |
| | | | c148 极度关注用户反馈 |
| | | | c149 对用户的善意 |
| | | C35 消费者教育 | c150 培养良好消费习惯 |
| | CC14 社会责任 | C36 公益救助 | c151 扶贫项目 |
| | | | c152 寻人计划 |
| | | | c153 公益与绩效力量的正循环 |
| | | | c154 公益活动 |
| | | C37 承担社会责任 | c155 企业责任感 |
| | | | c156 承担社会责任 |
| | | | c157 帮助警方办案 |

与案例分析相同，以主范畴为轴进行频率分布统计（详见表4-48）。由统计结果可知，初创期创业团队最为务实，提及经营运作风险下属的初始概念44次，占比29%。而成长期和成熟期团队的受访者更多地提到了团队在上层建筑方面的问题与建设，两时期在这一主范畴上分别抽取出92（39%）和65（40%）个初始概念，均为该阶段被提及频率最高的

范畴。这一方面是由于团队随着不断发展，愈发重视道德和企业文化建设；另一方面可能是因为，在访谈中被问及道德建设相关问题是，受访者最容易想到团队意识层面建设的问题。另外，与预期不同的是初创期团队成员提及道德问题引发的外部关系风险的频率显著高于成熟期团队，这与文献和案例分析结果有所不同。在访谈过程中发现，新兴创业团队在起步阶段需要通过人脉关系等方式迅速立足，所以提及了大量与外界对话相关的道德敏感性概念。

表 4-48 访谈分析主范畴频次分布表

| 主范畴 | 初创期 频次 | 初创期 频率 | 成长期 频次 | 成长期 频率 | 成熟期 频次 | 成熟期 频率 |
|---|---|---|---|---|---|---|
| 人力资源管理风险 | 37 | 0.24 | 56 | 0.24 | 50 | 0.30 |
| 经营运作风险 | 44 | 0.29 | 39 | 0.16 | 31 | 0.19 |
| 上层建筑风险 | 35 | 0.23 | 92 | 0.39 | 65 | 0.40 |
| 外部关系风险 | 37 | 0.24 | 50 | 0.21 | 18 | 0.11 |
| 总计 | 153 | | 237 | | 164 | |

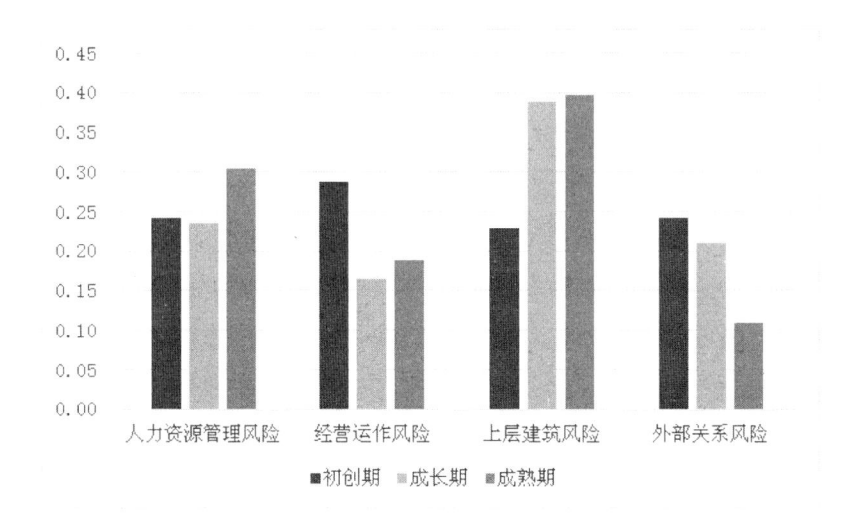

图 4.4 访谈分析主范畴频率分布柱状图

## （三）访谈分析的选择性编码

访谈分析的三级编码结果结构与案例分析基本一致，都大致以人力资源管理风险主范畴（who）、经营运作风险主范畴（what）、上层建筑风险主范畴（how）和外部关系风险主范畴（whom）为主线串联创业团队道德敏感性及其与团队绩效的关系。人力资源作为团队运转的主体，成员是否消极怠工也是团队道德风险点之一。在经营运作方面，团队的运作模式和创收模式是否符合道德规范，也对团队运转效率有着重要影响。同时，企业文化是团队稳固与外界关系的风向标，有效的道德和行为监管机制是制度践行的重要保障。此外，在与外界交往中，及时吸取反馈和教训、积极学习优秀企业的长处，可以以此丰富团队自身的上层建筑体系。

创业团队道德敏感性和团队绩效的关系可为间接，也可为直接。质性分析所提取出的四个主范畴皆为构建道德敏感性-团队绩效理论的传导点（总览关系网见图4-5）。选择性编码结构与案例分析的选择性编码基本一致，仅在个别主范畴命名和维度解释上做细微调整（详见表4-49）。

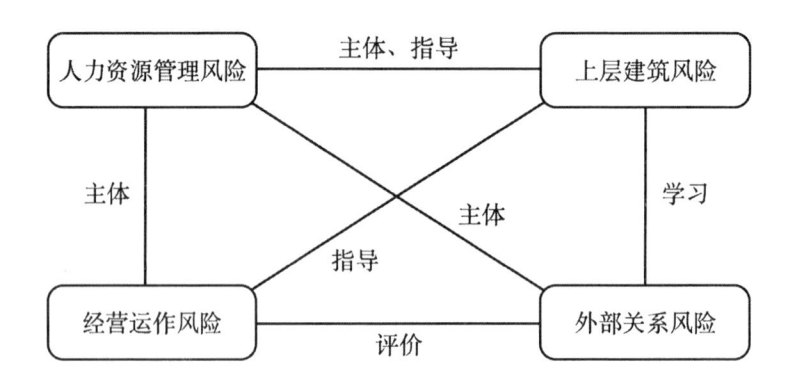

图4-5 访谈分析主范畴总览关系图

表4-49 访谈分析选择性编码结果表

| 结构关系 | 维度阐释 |
| --- | --- |
| 人力管理风险→道德敏感性与绩效 | 人力资源管理体系影响了团队主体的道德敏感性选择,间接影响团队绩效 |
| 经营运作风险→道德敏感性与绩效 | 经营行为和运作模式的道德水平影响团队生产运营质量,进而影响品牌形象 |
| 上层建筑风险→道德敏感性与绩效 | 团队的价值观、规章与准则,以及实践情况与道德敏感性相互影响,间接作用于团队绩效 |
| 外部关系风险→道德敏感性与绩效 | 道德敏感性影响企业的诚信水平和对外形象,此外团队在交往中积极学习,在长远上直接或间接地影响团队绩效 |

## 四、质性研究结果讨论与小结

### (一)创业团队在不同发展阶段的道德敏感性特征

在人力资源管理方面,初创期团队上下级有多重关系,大多由朋友组建起来,团队凝聚力和氛围维护很大程度上依赖于友情。成长期的团队需要注意团队内部团结,最大程度地降低内耗、杜绝人力道德风险。成熟期随着企业的发展壮大,需要考虑到企业正式员工、实习生、职业经理人等多个群体的培训、维护和监管。

在经营运作维度,初创期的创业企业可能会忽视团队运作模式的道德敏感性。如团队的变现方式、押金收取、财富积累、成本核算、折扣规划等。这一是由于初期小企业需要快速创收稳定发展根基,没有精力关注到宏观规划;二是团队规模过小,暂不涉及太多运作模式上的具体问题,加上创始人管理经验不足,暂未考量到后续的运作模式风险。而对于成长期和成熟期的创业团队来说,运作模式方面的道德敏感性水平也是团队生产运营道德的重要组成部分。

在上层建筑建设方面,团队会随着不断发展以内部多次讨论的方式对企业各层次的制度、价值观体系不断细化。初创期的一些团队内部制度还不完善，发展目标不够明确，大多以法律法规或行业规则作为团队的道德准则或依据。在成长期，团队从实践中逐渐形成了自己的经营观和道德准则，实现企业准则的制度化、规则化。成长期创业团队的道德特征具有不稳定性。例如一些企业会奉行绩效至上，过分注重利益，以此迅速扩展企业规模，而也有许多创业团队重视人本、道德敏感在企业运作中的作用。团队在这一阶段的道德敏感性随创业企业的经营状况、管理文化、高层管理者的理念和团队关系的变化而变化。

在外部关系的道德风险方面，随着创业团队不断发展壮大，面临更多的与外部各群体的联系和关系建设。创业团队对消费者的尊重不仅体现在对服务和隐私等方面的保障，还要力图实现产品价值以教育消费者，提高顾客的消费质量乃至道德敏感水平，例如监管用户的内容发布合法合理性、通过产品质量提高大众审美、在服务中纠正顾客对传统文化的误解等。通过访谈分析补充发现，相比于初创期，成长期的团队对消费者教育的重视程度有所下降。这可能是由于为了高速生长，企业希望给客户他们想要的，而不是希望客户想要的产品，来满足客户需求和实现客户积累。

（二）道德敏感性在不同创业阶段与团队绩效的关系

创业团队发展到后期，可能会比早期时更注重人力资源管理方面的道德风险。这可能是由于成熟期的创业团队步入了发展的缓升区域，甚至是平台区，许多团队会考虑从内部人员结构、人力增减等方面提高企业运作效率，降低团队运作成本。

在团队经营运作主范畴中，创业团队会随着自身发展关注到更多环节的道德问题。初创期团队只关注了生产和营销环节的道德规范，成长期和成熟期的企业将视线扩展到了售后服务道德、运作模式道德等方面。这也是对顾客负责的体现，同时是与企业创收紧密相连的部分。此外，价格管理从团队自身决策的道德风险，转变为与竞争者关系的道德风险。初创期企业主要考虑的是成本与定价的比率，在道德范围内调整投入和收益区间,以创造利润;而步入成长期之后的企业可能会以价格优势为主攻点,可能会与同行企业产生价格竞争,甚至触犯行业定价标准等。

在企业意识层面的建设上,成熟期的企业除了有明朗的价值观和发展方针外,还会提炼出企业的管理观,从更高的视角统筹整个公司的人员和运作脉络,以提高团队沟通效率和绩效。

在外部关系的道德风险方面,成长期和成熟期的团队更加注重初创期团队尚无力关注的与同行业竞争者的关系。这种关系不只有敌对,包括不当竞争、碰瓷营销等,也包含了相互学习,共同发展,化敌为友的过程。高道德水平的外部关系维护有利于创业团队长久立足于行业之中。

(三) 三种质性分析方法的关系和比较

文献资料大多从宏观的角度总结提炼创业团队的道德发展问题。因此,文献分析能够使研究者对核心议题有框架性的把握,对下属目类及概念有规范化的定义。但这种方法容易掩盖许多细节问题,包括不同类型企业的个性化特征、新兴行业尚未被纳入理论框架、互联网等行业的迅速发展难以涵盖、理论性强而实践性不足、行文逻辑过分适应政策需要等等。案例分析能够在前期理论框架内不断填补实际内容,并及时与文献分析进行比对,相互调适,形成较为饱满的创业团队道德敏感性及其与绩效关系的理论体系。另外,案例资料来源于实践,分析结果也要归于实践,因而可以补偿文献分析结论所缺失的实践性。例如 AI 产业作为高速发展的新型产业,团队建设时多少会吸取其他企业的经验教训,员工文化素质较其他行业更高,道德目光上也相对长远。

访谈分析中获得的一手资料实践性更强,对文献分析的框架、案例分析的内容填充进行了时代性的验证和矫正。首先,三种研究方法都强调了管理者在初创期对团队的重要影响,访谈资料特别对管理者的学习意识做了补充。一个优秀的团队创始人应该具备积极主动的学习态度,通过自主阅读、向专业人士讨教、兼顾管理而非只重技术等方式提升自身素养,这是一种具体的、有实践意义的行事方法。成熟期的创业企业规模庞大,可能需要招聘大量实习生作为廉价劳动力,那么实习生的道德修养和管理也成了这一阶段企业人力管理风险的一块拼图。此外，成熟期企业部门团队庞杂，一定水平的道德修养对团队降低内耗、提高部门间的包容性有着至关重要的作用。这些问题都是文献和案例访谈中有所忽略的微小细节。其二，案例分析的频次分布结果指出成长期团队最关注的是经营运作环节的道德风险，而访谈结果与之相左。这可能是案例资料的关注点重复率较高所致；实际上，虽然访谈资料编码得到的经营运作风险主范畴下的初始概念数量较少，但从访谈资料中归纳出的概念种类比案例分析多出3个，主要体现在创收模式、决策方式和风险评估上，这与企业较快发展前期相比更加成熟的发展模式相映证。这种差异弥补了只采用文献和案例分析所导致的信度不足。其三，在企业上层建筑风险方面，访谈分析指出三阶段所抽取的初始概念比例呈现递增趋势，初创期的初始概念数目显著少于后两个时期，这与文献分析结论一致。随着企业发展，越来越重视规则化建设，团队制度和企业文化也愈发细致。处于初创期和成长期的访谈对象大多提到了团队发展方针上的问题，说明许多中小企业意识到了道德不偏倚的发展方针和明确的发展目标对团队发展的重要性。并且，在与成熟期团队成员交流中获知了许多特色的企业文化、道德建设方法。另外由访谈获知，成熟期企业可能会更重视法律法规，因为对于大企业来说触犯法律是不值当的，一次失足会对企业形象造成难以挽回的影响。其四，在案例分析的频率分布统计中，初创期、成长期和成熟期的频率分布升序排列于外部影响风险，而访谈分析结果截然相反，三阶段降序排列。这可能是由于新闻案例倾向于撰写企业在道德事件中与外部的交互，影响越大越值得人关注；而成熟期的大企业才需要且有能力进行舆论引导。实际上，初创期受访者频繁提及人脉往来，对于现在的新小企业来说，人脉关系是稳固自身在外部关系网中的位置的重要工具。另一方面，案例分析更多地重视企业在道德旋涡中对外界的影响，这种外部风险是单方向的；而访谈资料体现出了许多内外互通的关系，同行不只有竞争者，也有合作者，创业团队在社会关系网中相互学习，相互获利。例如，科技团队承接政府安保任务，一方面企业履行社会责任，对国家稳定做出贡献，同时企业从中收获利润和品牌效应。

　　除此之外，本次研究的部分受访者为大学生创业团队成员。这部分信息丰富了创业团体的多样性，在双创环境下对大学生创业也有更现实的指导意义。第一，在人力资源的道德隐患方面，大学生创业团队存在着成员消极怠工的风险。高校创业组织主要依靠共同的专业兴趣和价值观维系团队凝聚力，成员间是"合作+同学+朋友"三重关系，有别于社会招聘的"利益+同僚"关系。在这种情况下，团队人员流动不会很大，但朋友关系可能会使负责人碍于情面，难以推进项目进度。此外，大学生创业团队成员的经济负担小，生活重心大多在学业，对于创业工作的时间分配有限。所以，在校团队的商业目的要远低于社会上的初创期企业，有些团队可能会因此出现目标不明确、工作懈怠的情况。95后人群大都喜欢"赚快钱"，与初创期社会企业完全相反的发展速度使团队成员看不到公司前景，加上许多高效创业团队立意点较高，创始初期较为关注团队产品的社会文化意义，很可能会使学生对团队价值产生怀疑，因而消极怠工，使得团队创收缓慢。第二，在生产经营上，初创期的大学生团队在营销和客户维护时十分依赖主理人的人脉资源。团队的生产资源、宣传手段和客户招揽都离不开管理者的朋友帮助，甚至一些初创团队的初创者会向周围朋友讨教管理和技术知识。第三，在制度建设方面，高校创业团队会接受学校创业孵化园的统一指导和审查。在这种氛围和要求下，初创期的高校团队能够建立一定的团队内制度，相比社会企业更先一步进入规则化进程。另外，许多高校团队在创业时会依靠所在学校的专业特色，如中医药、舞蹈、设计等等。一些团队的理念和发展模式尚不成熟，主理人也不希望、不急于团队快速步入成长期，担心在与外界沟通中的专业技术的外泄。这样循环往复使初创期的高校创业团队发展速度更加缓慢，团队绩效低下。第四，在对外关系上，大学生创业团队更倾向于承接公益和政府项目，特别是孵化在学校内部的团队。一是由于高校学生自身道德素质水平较高，二是出于高校创业基地的保护和引导，三是因为高校专业特色的难以替代性。一些团队会主动关注传统文化的宣传和保护，承担年轻一代对中国文化传承的责任；另一些团队会承接社会公益性质的项目，如对其他高校或企业群体的免费专业培训；还有一些团队能够负责部分政府项目，如中医药膳团队对奥运会运动员的健康管理项目等。大学生创业团队相比社会企业会更早地实现团队的社会价值，这有利于品牌形象的树立。在初创期打下的口碑有利于保障团队转型和注册后的客户来源，在长远发展中对团队绩效产生直接影响。

# 第五章

# 青年创业团队道德敏感性缺乏的现状分析

## 第一节 青年创业团队道德敏感性缺乏的表现

前面章节中对青年创业团队道德敏感性关于绩效影响机制的分析和研究的发现均提示我们，青年创业团队的发展和绩效与团队成员的道德敏感性密切相关。青年创业团队在创业活动中的行为应该符合道德原则、遵守社会伦理规范。道德对于创业企业的健康成长及长远发展具有重要作用。青年创业团队要在道德的规范和制约下，获取正当的利益。在现实中，青年创业团队的道德敏感性缺乏会有各种体现，并引发系列不良后果，在本章将对此进行分析。

在创业企业中，企业道德敏感性的建设离不开其利益相关者。在全球经济格局的框架下，市场经济中竞争的主体不再是个体，而是各种利益相关者的投入或参与，比如股东、政府、债权人、员工、消费者、供应商，甚至社区居民。均衡考虑所有利益相关者的利益诉求，对保持创业企业的长期生存与稳定发展起到至关重要的作用（刘红叶，2007）。创业组织在处理上述利益关系时，需要遵循一定的道德规范来均衡利益相关者的合理诉求。具体说来，创业组织的道德行为主要体现在诚实守信、坚持正义、承担责任三个方面，以下从这几个方面来对青年创业团队的道德敏感性缺乏的表现进行分析。

## 一、诚信的缺乏

### (一) 诚信的概念及重要性

诚信，顾名思义，为诚实守信。诚实是指尊重事实，说真话，不欺瞒，不造假。守信是指信守承诺，承担个人义务，答应的事要做到。诚信是我国传统道德文化的重要内容之一，"诚信者，天下之结也"就是说讲诚信，是天下行为准则的关键。在我国传统儒家伦理中，诚信是被视为治国平天下的条件和必须遵守的重要道德规范（胡钦，2003）。

诚信是中华民族的传统美德，在创业活动中，诚实守信是社会主义市场经济体制下的基本道德原则内容和主要道德规范要求。诚信在人类个体生活和社会生活中均有极其重要的价值。个体的道德养成，社会秩序的良性发展，都离不开诚信。对于一个创业团队而言，"诚信"可称得上是立业之本。如果一个创业团队缺失诚信，不信守承诺，将不会同其利益相关者建立正确良好的关系，从而丧失机会与信任。长远来看，不利于创业团队的进一步发展壮大。

### (二) 青年创业团队诚信缺乏的表现及后果

在创业过程中，诚信是创业团队必须遵循的道德准则。但在创业初期，由于缺少投资的来源，成本压力大，一些创业团队出于自身利益的需要，做出了错误的道德决策，这些决策违背了创业团队诚信的原则。

1. 主要表现

从创业团队的利益相关者分析，主要表现在以下几个方面：（1）对于政府而言，创业企业做假账，故意偷税漏税等；（2）对于投资者而言，刻意夸大产品的市场收益，而对于产品的风险有所隐瞒等；（3）对于员工而言，不合理的奖惩制度，故意克扣员工工资，工资发放拖欠等；（4）对于消费者而言，为了降低原材料的成本，故意偷工减料、以次充好等。

创业中企业不恪守伦理道德，不仅影响到企业的经济效益，甚至影响到企业的生存。短期来看，如果创业企业遵守市场道德规范，会增加企业的生产成本，经营成本，从而减少企业的暂时性收益，如使用真实的原材料会增加产品的生产成本，定价较高，在市场上不具有竞争优势，从而降低收益；产品宣传中对产品属性中的缺陷的披露会减少产品的销量，降低收益等。但从长期而言，诚信是创业企业的立身之本。创业企业在成立初期，自然而然会面临众多风险与挑战，创业团队中的每一个成员的道德行为都关乎创业企业未来的成长。在企业的社交网络中，创业团队初期中的每个成员都代表了背后的一个创业群体。如果创业团队初期的成员无法做到诚实守信，那么整个创业团队也无法得到利益相关者的信任。为了短暂的眼前利益，不诚信的道德决策将会牺牲企业的信誉和损失行业形象，不利于企业进行正常的社会经济交往，最终不利于创业企业的进一步发展。因此，对于创业企业来说，企业的道德行为要从基础开始建立，诚信的建立有助于树立企业良好的信誉，树立起值得他人信赖的企业形象。

创业企业的优势来源并不在于以牺牲道德的方式取得不正当收益，而在于产品、技术、服务等本身的优势所在。只有真正地做到诚信，创业企业才会被其行业及社会大众所认可，才有可能在未来的市场环境下拥有自己的一席之地。

## 二、正义的缺乏

### （一）正义的概念及重要性

辞海编辑委员会（2002）对于正义的解释为：正义是对政治、法律、道德等领域中的是非、善恶做出的肯定判断。作为道德范畴，与"公正"同义，主要指符合一定社会道德规范的行为，看每个人是否得到了应有的权利履行了应有的义务。正义属于道德范畴，正义的行为是符合社会道德规范的。

1. 公平正义是一种内心的道德约束

对于创业团队而言，创业活动中的正义指的是创业团队的各种行为要公平正义，坚守社会道德的原则与底线，不违背良心。在创业的整个过程中，公平正义是一种内心的道德约束，表现为对创业团队的行为做出监督和调节；对于符合市场道德规范的创业行为给予相应的鼓励和支持，同时创业团队中的个体也得到良心的慰藉，创业团队成员会感受到欣慰、满足和自豪。相反，对于不符合市场道德规范的行为给予一定的制止和调整，以达到内心的道德标准。

2. 创业活动中的正义更加注重企业本身内在的道德标准

在道德实践中，个体无论做出什么决策，都必须以内在的良心作为参照标准。企业的活动要遵循一定的社会规则，这些规则包括内在的自我约束和外在的法律法规，创业活动中的正义更加注重企业本身内在的道德标准。创业活动不仅要做到不违法，而且要做到不违心，做真正的良心企业，让社会大众信任的企业。这种内在的道德约束对于青年创业团队发展的各个阶段都是必要且有效的。在青年创业团队的初创期，创业团队就要有自己的正义规范和标准，为创业企业之后的发展奠定道德基础；在创业团队的成长期中，正义的内涵随着企业的发展和不同行业的特点而不断地发展完善。例如，对于电信行业而言，要坚守电信行业的公平正义。对于教育行业而言，要坚守教育行业的公平正义；在创业团队的成熟期，企业更要不忘初心，将公平正义始终贯彻于创业活动当中。在面对商业道德两难的困境中，能够按照公平正义的原则做出合理的道德决策。

## （二）青年创业团队正义缺乏的表现及后果

不同的创业企业，有不同的目标和价值导向，坚持正义是创业企业定位的前提条件。创业企业的公平正义从利益相关者的角度出发，可以体现在：行业内竞争中的公平正义；企业内部组织制度的公平正义及对消费者的公平正义。以食品安全问题为例，近年来，食品安全问题频频发生，成为市场监管的重点。"民以食为天，食以安为先"，食品安全关系着千家万户的健康。但总是有一些企业为了自己的蝇头小利，忽视食品安全，知法犯法，危害公众健康。

又例如在武汉新型冠状肺炎的爆发特殊时期，有的企业为了自己的一己私利，将公平正义置之脑后，高价售卖假口罩，不仅破坏了市场公平竞争的原则，而且危害群众身体健康，危害了社会大多数人的共同利益，更为严重的还将引起社会的不稳定、给国家发展和人民安全造成不可估量的损失。这样的创业行为必将走向失败，并接受法律的制裁与道义上的谴责。对于这种不符合市场交易规律，违背道德准则，损害社会中绝大多数人利益的行为，即为不正义的行为。

### 三、责任的缺乏

(一) 责任的概念及重要性

责任是指个体分内应做的事情，包括承担应当承担的任务，完成应当完成的使命，做好应当做好的工作。责任感是指自觉做好分内之事的一种情感，属于社会道德心理的范畴。责任通常包括两方面：一是指分内应做的事，如职责、尽责任、岗位责任等。二是指没有做好分内的事，而应承担的不利后果或强制性义务（参考"百度百科"）。

创业企业的责任是指创业企业应负的责任。在创业行为中，创业企业道德责任包括对企业本身的责任和对社会的责任。企业社会责任是指超过法律和经济要求的、企业为谋求对社会有利的长远目标所承担的责任（Stevenson et al, 1989）。另外，史蒂文孙（Stevenson et al, 1989）等还对社会责任和社会义务进行了区分：一个企业只要履行了经济和法律责任，就算履行了社会义务；而社会责任则是在社会义务的基础上加了一个道德责任，它要求企业分清是非善恶并遵守基本的道德准则。

创业行为必然会对社会产生影响，需要承担一定的社会责任。企业的社会责任强调企业更应当追求社会福祉，而不是一味追求利润最大化。以往研究发现，如果把获利作为团队价值的首要考虑因素，反而不会得到特别高的收益，获利率高的企业，往往更注重客户的满意度。由此可见，承担社会责任更能促进企业创业理想的实现。青年创业团队责任的承担，渗透在创业活动的各个阶段。例如，创业团队在不同的发展阶段，根据不同的市场需求和目标导向，企业要承担相应的经济责任，生态责任，道德责任，法律责任等，长远来看，承担责任有利于创业企业本身的发展和社会的发展。

（二）青年创业团队责任缺乏的表现及后果

创业企业的责任缺乏，包括企业自身内部的责任缺乏和企业社会责任的缺乏。企业内部的责任缺乏体现在个体和组织两方面。员工消极怠工、擅用公物、以权谋私是属于个体职业责任感的缺乏；不考虑大局，为了利益不惜违背企业的组织原则和规范是属于组织责任感的缺乏。比如，生态污染、偷税漏税等是属于企业社会责任的缺乏。例如一些创业企业为了降低环保成本，采用了不合格的排污系统，造成了生态环境的破坏，产生了不可逆的负面影响。这些企业也因为社会责任的缺失，使得企业的信誉降低，企业形象受损。

在现如今的社会大背景下，创业企业除了科技力量的竞争、金融力量的竞争、管理水平的竞争、服务水平的竞争等外，更是企业文化的竞争。一个缺失责任感的企业，在市场中的企业信誉和企业形象也会受到影响，其产品和服务将会在社会公众中丧失信任，失去吸引力，从而削弱获利能力，那么创业也就预示着失败。

# 第二节　青年创业团队道德敏感性缺乏的原因

在这一节，将参照 Gartner 的初创企业"四方位模型"（four – part conceptual frame – work）（Gartner, 1985），对青年创业团队道德敏感性缺乏的原因进行分析。该模型包含四个构成要素：个体（individual）、组织（organization）、环境（environment）和过程（process）。在社会环境的

(environment)的背景之下，不同特质的个体（individual）根据各自的能力与目标创办各具特色的组织（organization）来开展创业活动，从而形成了完整的创业过程（process）。这四个因素并非相互独立，而是具有一定的内在联系，创业者个体及团队在创业过程中能否意识到道德问题，做出的道德决策，受到企业内部组织道德氛围的影响和社会道德环境的制约。

### 一、创业者个体的特质

在创业活动中，企业道德有其独特的人格特质根源，创业者比其他管理者是否更道德，取决于创业者的首要考虑是什么以及创业者及其团队的决策背景（Longenecker et al, 1988）。与其他商业从业者相比，为实现个人财务收益的最大化，不惜损害他人利益或违背公平原则为代价可能是一些创业者更为关注的方面（Longernecker, 1989）。如果创业者比较独立，在创业活动中都想要按照自己的想法来，在道德决策时大多数会参照内心的自我判断标准，而忽视道德伦理规范（Bhide, 1996），因此，创业团队的道德敏感性与领导者个体特质有关。

青年创业团队的初创期阶段，由于企业各个方面的发展不成熟，其拥有的资源是极为有限的（Stinchcombe, 1965）。同时，外部环境的不确定性、风险的难以预测性以及时刻存在的资源压力和竞争压力都给领头创业者的决策过程带来一系列的挑战（De clercq&Dakhli, 2009）。在各种各样的机会面前，初创企业面临严峻的资源困境，使得创业者往往更可能采取某些挑战伦理道德的策略获取资源。道德问题成为造成不同利益相关者之间出现利益冲突的重要因素，创业者往往在追逐个人利益与遵守商业伦理规范之间陷入一种两难的困境（Beyant, 2009）。如果创业者无法处理好商业中的道德两难困境，那么很有可能会最终导致新创企业走向失败。

一个创业团队想要有良好的发展，首先要有一个好的领导者，创业团队领导者的素质，直接影响了创业团队的整体发展。创业团队道德敏感性缺乏的一个极其重要的原因就是团队领导者自身的道德敏感性不足。道德素养不高的创业者在制定和实施各种战略决策的过程中会忽视许多道德问题，他们更加注重追求自身的个人利益而不在乎是否需要遵循现有的商业道德规范或者是否会对其他社会成员的福利或利益造成损害（Bhide et al，2009）。如果创业团队领导者自身的道德敏感性不足，他本身就很可能出现一些违背道德的表现，自己不但没有起到表率作用，反而产生了负面的影响。当企业内部出现一些道德敏感性缺乏的行为时，他也不能进行很好的判断，可能会造成对该行为的容忍和纵容。

根据组织代理人理论，员工会认为领导者会通过道德领导行为向他们传达企业的期望，因此员工会有意识地做出利于企业的行为。涂乙冬（2014）等人的研究发现，如果在团队中，领导采用道德型的领导风格，可以实现团队、员工和自身的"三赢"。

## 二、创业组织的特点

关于企业道德敏感性的研究大部分在西方文化背景下展开的，但是中国和西方文化情境存在着显著的差异。西方文化强调个人主义而中国文化则强调集体主义（Eisenbeiss，2012；赵立，2012）。在创业团队中，西方的团队可能只会遵从其直属领导的意愿和想法，并结合其感知到的直属领导的个人特征和行为制定相关的决策；而在东方文化情境下的员工在决策过程中可能不仅仅考虑其直属领导的特征和行为，还同时会考虑整个创业团队的共同目标（赵立，2012）。创业企业的各个员工为了共同的目标，进行创业活动，互相协作组成了创业组织。因此团队成员的道德氛围和组织中的道德规范会对整个企业的道德敏感性产生影响。

（一）团队成员之间的失衡

成员之间的存在能力的差别会导致团队内部的矛盾。一位在金融行业创业公司的陈经理说道："比方说团队中有个人能力很强的成员 A 个人业绩很好，同样团队中有比他来得更早的老员工 B，但是业绩相对较差。在团队合作交流中，团队成员 A 很强势，无论是团队内的讨论，还是团队聚餐活动，成员 A 一直是焦点，且自己也习惯了成为焦点而存在，不把老员工 B 放在眼里，无论是从平常的交流中，还是合作过程中，缺乏对老员工的起码的尊重，从第三人的角度来看，成员 A 就是典型的道德敏感性缺乏的表现。这类情况的存在，不利于员工 A 养成谦虚，助人的良好品格，反而会导致其高傲，缺乏同理心。同样也会导致老员工 B 对成员 A 的厌恶，久而久之可能会发展成工作中相互掣肘，形成帮派文化。这种道德敏感性缺乏的行为十分不利于团队的团结和发展。这个情况最终极有可能演变成阻碍团队发展的绊脚石。"

分工与资源的分配也会导致出现一些道德行为偏差。创业团队中，任何一个成员都会认为自己是不可替代的，也希望自己在团队中占有更重要的位置。而创业企业在初期，最重要的就是如何提高企业的绩效，而在这个过程中，就会出现一些通过抢占资源来争夺业绩。同时，也会有一些团队成员为了未来在企业中更有话语权，在企业中拉帮结伙搞派系的现象，破坏了团队内部的团结，影响了稳定性。在企业发展的过程中，创业团队成员中还可能有一些人的能力提高速度跟不上企业的发展速度，这时也会出现创业团队的其他成员为了可以获得更多权益份额而做出有违道德的行为。

（二）团队成员的稳定性

随着新创企业的发展，创业团队成员变动成为一个普遍的现象（王端旭，2005）。一些创业团队在组建阶段并未考虑到团队成员的同质性问题，因此在后续发展过程中面对某些团队成员均缺少认知的问题时会显得捉襟见肘，创业团队的能力无法适应新创企业的发展要求。此时，随着创业团队的不断发展，创业团队的人员构成也会不断发生动态变化，最终形成一个相对稳定的动态平衡（Clarysse & Moray，2004）。

创业大多是一个艰辛而漫长的过程，需要创业团队的成员齐心携手，全心付出。但是，也有不少创业团队的部分成员存在着各种心态，比如试一试的心态，梦想迅速暴富的心态等等。创业的过程具有太多的不确定性，在企业发展不顺利的时期，有些团队成员就会变得消极，想放弃，甚至会做出损害企业继续经营下去的行为。创业过程中创业团队人员的变动，将会打破之前创业团队形成的动态平衡。一位软件开发企业的杨经理就说道："在我们刚创业不到一年的时候，因为当时软件的开发出现了瓶颈，公司状况很糟糕，我们的一位合伙人就提出了退出，在我们很艰难的时候撤资了，我们就差点死掉了！"

还有，企业的经营发展需要一个过程，但会有一些成员更希望在短期内获得暴利，在创业的过程中会因为经受不住诱惑，将公司的资源出卖去获得短期利益。比如带着客户资源到别的公司，泄露公司客户信息或专利等等。

### （三）组织内部道德建设的不完善

企业在初创期，新企业的道德规范建设一般尚未形成，企业内部没有形成良好的道德氛围，企业没有明确的价值导向。此外，企业缺少长远的道德建设规划，中小企业经营者自身未能成为企业道德建设的实践者，企业内部也没有专职人员负责这方面的工作，因此许多创业团队组织内部的道德建设并不完善。从组织制度建设的角度出发，是否公平（程序公平和分配公平）是考量组织制度是否完善的重要标准（Dees & Starr, 1990）。

据统计，在世界前100强企业中，有接近90%的企业都特别重视企业道德，并且具有明确和规范的道德准则来对员工的行为进行约束。在很多发达国家的先进企业内部，都具有严格的道德伦理制度和监管机制。在我国，很多创业企业对企业道德没有足够的重视，少数企业的道德失范行为不仅损害了消费者的利益，也是对同行竞争经营者的不公，使得企业自身失去了客户和社会的信任，这也是为什么很多创业企业生命周期短暂的原因之一。

有很多创业企业并没有意识到道德文化的重要性,更没有相关的道德制度。尽管有的企业已经意识到道德文化的重要性,在日常经营管理中仍有如下"不足之处"。

第一,一些创业企业制定的道德规范不够详尽,例如企业只制定出大体上员工应执行的规定,并没有深入到更细化的部分,貌似有道德规范的约束,但是什么样的行为是被允许的,什么样的行为是不被允许的,缺乏细致的划分。企业对道德规范的制定不仅要起到行为规范的作用,更应该唤醒内心员工深处的社会责任感、道德意识,以此促进员工道德敏感性的增强。

第二,企业应对不同岗位的员工采取相应的差异化道德制度。比如说:对待采购岗位的员工应注重员工对所购原材料质量的把控;对待生产岗位的员工应当注重员工操作的规范性;对待销售岗位的员工应当注重员工推荐商品时的务实性;对于领导更应当注重对道德规范的履行,起到榜样的作用。

第三,虽然有的创业企业看似道德规范比较齐全,但是更多的是在口头上,并没有落到实处,形同虚设。相比于制定规范,相应的惩罚措施更应该被设立,这样才能起到更好的监督作用。

在前期访谈创业者的过程中,发现一些人对企业道德的概念较为模糊,也很少接触到这一方面的培训,即使有人能够接受企业道德的培训,培训也不具有持续性。创业企业道德文化建设应该是企业建设的第一课,道德规范的学习应该纳入新员工入职的第一课中。

## 三、外部环境的特点

社会信息加工理论认为,我们所在的社会环境提供给了我们一些社会信息,这些信息会影响我们的态度、调节我们的行为。态度和行为在很大程度上受到了周围环境的影响。对于创业团队而言,创业环境从文化、社会舆论、道德教育、法制法规等方面影响创业团队的道德建设。

## （一）社会创业文化环境不成熟

有研究者做过分析，社会的创业文化环境尚不够成熟，主要表现在以下四个方面：传统的职业观念尚未改变；社会对自主创业的认知度不高；创业团队心理状况不稳定以及创业者立场不坚定（余博，2016）。

余博（2016）还从创业团队自身的角度进行了分析：很多团队是凭借一时冲动而盲目创业，缺乏相应的物质准备和精神准备，没有形成良好的创业风气。同时，由于一些创业团队在开办企业的过程没有体现出创业者应有的优秀素质，造成社会对创业群体不良印象的产生，而且随着相当多的创业者创业失败，也造成了社会对创业行为的不热衷，不认可。

## （二）社会舆论的不良影响

青年人在创业过程中所表现出来的道德思想大部分都是健康向上的，但是在创业过程中所显现的道德方面的问题也越来越多。具体表现为创业观扭曲不诚实守信、对金钱盲目追求等。

第一，非主流意识形态对青年创业道德的培养具有消极影响。环境对人的影响不容忽视，一个健康的、充满正能量的社会环境，对青年的社会行为的改善起到积极的引导作用。目前社会中存在的一些非主流价值观，例如注重享受，追求安逸，肆意超前消费和奢侈消费等在很大程度上影响到了青年的道德素质的提升。对于一些刚刚步入社会的青年创业团队来讲，较容易受到不良思想的蛊惑，从而在创业过程中出现缺乏诚信、急于求成的行为，影响创业企业的发展。一些青年创业者的人生价值目标和现实利益出现冲突的时候，更倾向于从个人的利益出发。

第二，社会舆论对青年创业的错误引导。网络的盛行为我国经济发展提供了新动力。但是，在当前的网络舆论中，经常可以看到类似于"某青年成功创业，年入百万""某青年开网店年入千万"等新闻报道。这些报道多用吸引人眼球的字眼，潜意识中模糊了青年创业的价值观。同时，网络上对于大学生创业内容的夸大报道，让不少青年误以为创业就是赚钱，只要想创业谁都能成功的想法，创业成功的标志就是"有车有房，有钱有权"。这种社会舆论非常不利于青年创业道德素质提高。在这些不良舆论的影响下，青年很容易形成盲目冲动创业、不讲诚信、缺乏社会责任感、缺少艰苦创业的理想信念。过分地强调创业所带来的巨大利益，会让青年们误以为只要能赚到钱就可以不择手段，忽视遵纪守法的重要性。这些舆论对青年创业道德观的建立、创业价值的追求都有不良的影响。

（三）创业道德教育的不完善

2015年，在国家和社会的积极引导下，大学生创新创业教育成了各个高校关注的新课题。但是，各高校的创业道德教育与创业实践活动的开展并没有处在一个平面上，往往在创业道德问题引发出一系列连锁反应之后才会回过头来审视大学生的道德素质缺陷，高校创业道德教育跟不上创业实践活动的步伐。呈现这种现象的原因如下：

第一，学校的诚信价值观培育还需要更为深入。高校在创业道德教育方面，重视对于诚信的教育，是各个高校的责任，是为我国提供优秀的创业人才的保证。诚信教育工作应该具体落到实处，不能"假大空"。高校应逐步建立相应的校规制度，促进学生诚实守信的品格的养成。

第二，大学生创新创业教育停留在理论层面，创新创业教育未见实效。同时，由于高校教授创新创业课程的师资队伍大多是高校的授课教师，大多都没有创业活动的实践经验，加之创新创业教育课程是近些年才开办的课程，其理论还不完善。因此，创新创业教育存在着重理论、轻实践的问题。创业教育变成了"关于创业的教育"，高校寻求创业的呼声渐高，却不能教学生什么样的人适合创业、如何创业、创业中应注意什么问题、创业的风险规避、创业必备的道德素质等具有实践性的知识，往往导致其教育结果的实效还需加强。

第三，创业道德教育的教学方法守旧。创业道德教育的教学方法不应只是一味地"灌输"，应该在实际的教学活动中有针对性地对大学生进行体验和实操性训练。让大学生深刻地认识到创业道德的重要性，才能保证大学生更好地创业。

（四）法制建设的不健全

创业必须面对问题与挑战，其中包括激烈的竞争、技术进步、供需差异、员工问题、法律制度、供应商与经销商间的博弈等（Hannafey, 2003），还需要应对来自环境的压力，包括时间压力、资源压力、竞争压力和伦理压力等（Chau&Siu, 2000）。创业团队在众多压力与问题中，由于受短期利益驱动的影响，企图依靠投机取巧、虚假宣传、坑蒙拐骗等违法的方式违背创业道德，最终不利于企业的长远发展。

在我国，绝大多数创业企业对伦理道德仍未引起足够重视，这也是我国多数企业生命周期为什么如此短暂的原因。与之对比，权威机构调查显示：在英、美及西欧、日本等较多先进企业内部逐步建立起严格的伦理制度和监管机制。其主要表现为：企业的职能、地位、作用向伦理转移，企业战略、决策与道德融合，企业整体、高管、普通员工在企业实践活动中强烈感受到伦理道德的渗透、感召和丰厚的社会回报（Harmeling et al, 2009）。

法制建设的不健全，执法不严因而无法制约人们的不道德行为，再加上一些团队成员法制意识的缺失，或未对法律进行充分的了解，在面临利益诱惑的时候，打法律的擦边球、钻法律的空子、甚至明知故犯、铤而走险，这些行为不仅违背了自己的良心、失去了诚信、有悖个体对社会所应承担的责任，更为严重的还会把自己推向犯罪的深渊，走向一条不归路。

### 四、创业过程的特点

在青年创业团队中，创业过程具有动态性。Holt（1992）认为创业过程是由创业前阶段、创业阶段、早期成长阶段和晚期成长阶段组成的。在创业团队不同的发展阶段有不同的道德需求，忽视了任何一个阶段的伦理道德，都不利于整个创业团队道德敏感性的培养与建设。

在初创期，新企业的道德文化一般尚未形成，此时创始人（团队）对创业组织的道德氛围有显著影响（Schein，1983）。在创业初期，最需要关注和解决的首要问题就是如何让创业活动能维持下去，而不成熟的创业主体、不成熟的创业环境、不成熟的技术及不成熟的管理模式等等使得这样的问题更加突出，解决起来显得举步维艰、力不从心；为了暂时的利益，而违背企业道德的行为屡见不鲜，这样的不道德观念从一开始滋生于企业之中，不利于企业的道德建设，更不利于企业的长远发展。在成长期，随着创业团队的不断壮大，社会关系网络也不断地扩展，创业团队成员不道德的行为将会影响企业与其利益相关者之间的关系，一旦创业企业失去了诚信，丧失了公平正义，不承担相应的责任，遭到同行业者的排斥与质疑，失去投资者及合作伙伴的信任，引起消费者对企业信心的丧失，会给企业声誉造成不可弥补的恶劣影响。而对于大多数不道德的创业活动，结局是以失败而告终，更有甚者，创业团队将会为其不道德的行为承担法律责任。

从整体来看，青年创业团队道德敏感性缺乏的原因是多方面的。如果想要营造好的创业团队道德环境，还需要多方面的共同努力。

# 第六章

# 推动青年创业团队道德敏感性建设的具体策略

## 第一节 国外企业道德建设的启示

### 一、国外学者对企业道德建设的相关研究

(一) 构建企业道德责任规范

美国学者 Clark (1916) 指出，我们"需要赋予责任效用的经济原则、培育这一原则，并将其根植于企业道德中"。1999 年 1 月，由联合国提出并倡导的"全球契约"计划，呼吁全世界范围内企业界领袖遵循人类共同的价值标准，该契约涵盖"人权、劳工标准、环境与反贪污"四个方面的十项企业道德责任原则。同时，美国、欧洲和日本的企业界领袖也普遍认为，企业承担道德责任对于企业自身的发展以及保持全球经济的稳定与可持续发展意义十分重大。为此，他们组成康克斯（CAUX）圆桌会议，并制定了康克斯商务原则（1994）。据统计，近年来"《福布斯》500 强公司中的 80% 采取了在 20 世纪 90 年代制定或修改的价值观声明、行为模式或者公司信条"。

(二) 发挥道德资本主义精神

国外学者通过对野蛮资本主义适者生存理念的批判，提出了道德资

本主义的发展理念。Max Weber 认为，资本主义理性的目的就是让个人的资本增值，它宣扬的不仅是一种发迹手段，而且还是一种独特的伦理，一种明显带有功利主义色彩的伦理。从纯粹幸福论观点来看，理性主义完全是无理性，它"随时有可能出现置任何道德规范于不顾的无情获利行为"。他还指出，在社会系统中，使资本主义得以发展的不仅是"经济力量"，而且还有价值观。之后，马克斯·韦伯从新教伦理的视角出发，阐释了有利于塑造社会秩序、增进个人幸福的道德资本主义精神。美国学者 Stephen Young（2010）认为："道德资本主义要求的是一种心灵的呈献，一种和谐的状态，一种思维的方式。"道德资本主义强调的是一种服务意识，是对他人需求的一种信仰般的敏锐。斯蒂芬·杨指出，资本主义社会贫困现象的终结需要有责任感的政府和有道德感的企业共同努力。在此基础上，西班牙学者阿莱霍·何塞·G. 西松和美国学者约翰·罗尔斯分别从开发道德资本与促进社会基本结构的正义等视角阐释了道德资本主义精神。事实上，国外各界已将发挥道德资本主义精神、开发企业道德资本与促进社会基本结构的正义等道德观深深根植于企业道德责任建设的实践之中。

（三）开展企业道德责任教育

印度学者 Amartya Sen（2000）在阐述经济学与道德的关系时认为，经济学的两个核心议题就是与道德密切关联的"动机观"和"社会成就观"。前者是关于人们对个人或经济组织从事经济活动的动机的道德审视问题；后者是关于人们对个人或经济组织从事经济活动所取得的社会成就的道德判断问题。对此，阿马蒂亚·森特别指出，在经济活动的道德价值衡量方面，个人或经济组织实现社会利益远比实现个人利益更卓著、更重要。可见，阿马蒂亚·森试图通过阐释经济学的两个核心议题，揭示个人或经济组织从事经济活动的道德动机。企业作为一种经济组织，其经济活动背后同样隐含着深刻的道德动机。故此，国外伦理学界从高校企业伦理教育的视角，提出开设《企业伦理学》和《企业与社会》等课程加强企业道德责任教育。其中《企业伦理学》朝个人决策、个人责任方向发展；《企业与社会》着眼于公司层次的内容，包括商业对社会的影响。据统计，"从1987年开始，美国哈佛商学院开设'管理与伦理价值'课程，到1993年，美国90%以上的管理学院（商学院）均开设了企业伦理学方面的课程，并且在最著名的10家商学院的9门MBA核心课程中，企业伦理学都榜上有名"。与此同时，欧洲许多大学也纷纷开设了企业伦理学方面的课程。20世纪90年代中期以后，许多反映企业伦理学最新研究成果的专著陆续出版。国外企业道德责任教育有力地推动了企业道德责任建设的实践。

## 二、国外企业道德建设对我国的启示

通过分析国外学者对企业道德建设的相关研究，从创业企业的角度，可以通过以下方面加强企业道德建设。

（一）提高企业盈利能力

经济效益与道德建设有着相辅相成的关系，稳定的经济是道德建设得以正常发展的基础条件，良好的道德建设有利于强化企业的社会责任，提高企业的社会地位和影响力，对于提升企业的可持续性发展通常起到关键性的作用。因此，提升企业盈利能力是企业履行社会责任、创建良好道德氛围的重要前提。

（二）提升企业管理者的道德素养

企业的任何发展离不开管理者的正确的引领，尤其对创业企业而言，企业核心的管理团队更是决定着企业的生存。从相关的研究可以看出，企业管理者自身的道德素养是企业道德建设的核心，一个具有良好道德素养的领导者，不仅起到示范楷模作用，同时也通过以身作则发挥作用，对于企业的道德建设的推行起到了重要的保障。

（三）加强企业内员工的道德建设

重视企业员工的日常道德建设培养，制定企业内部道德管理规范，并通过组织开展道德榜样评比、职业道德规范相关的案例或经验交流等活动，对员工中的道德榜样进行物质和精神激励，对一些违反道德的问题或现象进行剖析和警示，逐渐在企业内形成常态化的道德建设氛围，培养员工的道德自我意识和道德责任感。

（四）加强外部的监督和引导

除了企业自身注重加强道德建设，还需要加强外部因素的正确引导和监督。首先，政府应当建立专门的企业道德建设管理的机构，并针对不同行业制定完善企业道德建设的评价体系和工作条例，加强对企业的管理和监督；其次，媒体应该结合多样化形式宣传企业道德建设的正面积极作用，通过各种媒介向公众传递企业的道德责任感和担当精神对创业企业发展稳定的重要性；最后，社会公众也要本着社会主人公的精神，对于企业的道德行为要敢于监督和揭露，帮助企业更好地履行企业道德责任。

## 第二节　青年创业团队在自身道德敏感性建设中的具体策略

### 一、基于质性研究的青年创业团队道德建设启示

首先通过对本书第四章中质性研究的相关结果进行分析，可以对青年创业团队在不同创业阶段的道德建设得到以下启示和思考。

（一）初创期创业团队的道德建设

初创期的创业团队应充分发挥管理者的核心作用，制定有明确而合乎道德的发展目标。团队领导者对初创期团队的管理、生产、经营、资源、技术等各个方面都有最为重大的影响，领导者需要充分运用自己的力量推动团队绩效前进，带头培育团队成员的长视观念，不能只顾眼前

利益，心中要有大格局。此外，管理者还需要积极地去学习管理知识，主动去涉猎其他领域的内容，多读书、善提问，开阔视野。在成员管理时要避免偏见和歧视，注重团队氛围的凝聚，以抵消初创期收入不稳定带来的人力资源隐患。

初创期的创业团队应保证产品质量的优良和营销方式与内容的理性。团队不仅要依靠诚信的理念来稳扎稳打地生产，还要通过内部试用、技术研发等方式提高生产技术，同时确立正向的产品价值观，三位一体确保生产质量。在宣传营销时切忌虚假、夸大、低俗，要以健康的方式吸引消费者。良好的质量和口碑是招揽"回头客"最重要和直接的因素，帮助企业可持续发展，而非"扼杀在摇篮"。

初创期的创业团队应树立具有道德性的发展目标，严守法律法规。团队目标对团队后期发展有着关键性的导向作用，一旦沿着确立的方向发展下去，团队扩展后想要做出根本性改变便会付出很高的成本。另一方面，清晰的团队目标是团队成员团结凝聚的顶层动力，是控制人力资源管理风险的重要一环。这有利于员工明确个人职责，提高工作投入感，对团队发展有所期待，提升工作满意度。如果没有清晰、道德的发展目标，小企业在行业潜规则中会像无舵之舟，迷失方向或误入歧途，都是力量微薄的初期团队走向衰落的原因。

初创期的创业团队应诚信经营，孕育公益理念。在与合作者的沟通共赢中积极学习，不欺骗、不伪造。大多数初创期团队可能尚难以独善其身，没有力量和影响力从事公益项目，但需要保有这样的意识，尽可能地体现在产品中，打造企业形象。

(二) 成长期创业团队的道德建设

成长期的创业团队要注重各方面的体系化，在招人、用人、管人上有合理结构。将道德纳入招聘和考核，明确合理的晋升机制和绩效制度。随着团队发展，内部部门开始分化，要注意降低内耗，杜绝部门之间的纠纷和派系斗争，将人力资源投入到创收环节，而非浪费在其他地方。

与初创期团队相同,成长期的团队也要重视生产运营的道德型,维护和发展品牌形象,不为了迅速扩张和降低成本而做有损企业形象的行为。同时注重用户的售后反馈,对消费者的意见及时回应、持续跟踪,不浪费每一个用户资源。

成长期的创业团队应及时系统化团队运作模式,规范化团队制度方针。创业团队在成长期需要迅速扩张、稳定用户,科学而道德的运作模式对团队生产经营环节有着具体、可行的指导意义,创收方式的亲社会性也是为企业发展和转型打下良好口碑。许多团队在成长期会进行团队方针、文化和各项章程的制度化,将团队价值观、生产经营制度、奖惩制度、责任机制、保密机制等等落在笔头。成长期企业人员不断壮大,生产和道德监管的全覆盖成本很高,也愈发困难,制度化、规则化有利于更好地、更有效率地对员工进行监督和管理,以确保团队健康创收,不畸形发展。

成长期的创业团队应注重多方关系的维护。将与合作者、同行竞争者、消费者、和社会大环境的对接不仅看为创收过程,也当作学习和经验积累的过程。逐步维护、保持和加强关系链的联结程度,为企业运营创造更多的资源通路。此外,企业应敢于教育消费者,引导市场形成道德良性的消费习惯,以此成为行业的先驱和头牌。

(三) 成熟期创业团队的道德建设

成熟期的创业团队要完善对员工的监管机制。成熟期团队要吸取前期的经验教训,并将总结成果融入对新人的培训中;注重保密协议签署机制;严格执行监管,杜绝贪腐问题,对内部违法违规行为一视同仁。在人力资源管理上,要做到从领导到下属,从意识到行为的严格一致监管。成熟期团队的管理者在行业和社会上也有一定的影响力和知名度,因此,管理者更要注重自己的公众形象,以更高的标准严格要求自己。

成熟期的创业团队要细化经营运作,确保经营运作中的道德实践力。团队确立的行事准则要有群众基础,是从前期实践中形成的经验指导,或是由企业成员集体讨论、辩论、决策形成的,这是保障团队道德准则有信服力的基础。此外,通过各种健全系统的管理机制、责任制度将道德准则落在实处,渗透到生产和营销等各个创收环节,从而维护企业商誉,扩大品牌效应。

成熟期的创业团队要形成符合企业气质的价值观,不忽视法律法规准则。应有公开透明、人本主义的基本原则,使员工、管理者和团队行为有据可依。团队发展到成熟阶段,除了上层的建设方针和道德准则外,还应注意到政策落实情况。管理者应通过监管、团队文化建设的物质体现、定期培训、企业价值观反复输出和内部奖励等方式提高团队的道德实践力。同时,成熟期的创业企业更不能忽视法律的震慑力,团队壮大来之不易,通过违法行为提高团队效益无疑是没必要、不值当的举动。道德风险是许多创业团队在道德建设发展中的经验总结成果,成熟而成功的创业企业不可忽视这一方面。不健康的风气和制度会导致企业行为走向偏倚,毁坏企业形象,造成客户流失和收益下降,这是许多企业在成熟期后走向衰败的重要原因。

成熟期的创业团队应开展一定的公益项目,全方面保障消费者利益。目前,积极履行社会责任很难为初创期和成长期的企业带来直接的经济收益,而成熟期团队的公益影响力更容易被大众捕捉,从而使公益事业更可能直接影响其团队形象和财会绩效。另一方面,成熟期的团队有人力和财力上的条件进行公益事业,应在初创期保持公益理念,在成长期进行公益规划,在成熟期实施具体项目。企业可以发挥自身特长,从捐款救助、政府项目、扶植小企业、稳定就业市场等多个方面做出贡献,公益事业不一定是金钱支出,也可以是与国家级项目的技术合作。此外,成熟期的企业想要找到突破口,需要深度挖掘客户需要,在发展平台期绝不玩弄用户,保持良好的口碑,以可持续循环发展。

总之,青年创业团队在不同发展阶段应有不同的道德建设规划,这些建设不仅仅是团队文化上的举措,应从人员、经营、外部关系等多个环节降低道德风险。创业团队需要将眼光放长远,在任何一个发展阶段都要保持更高的道德底线,以弥补实际落实效果和前期规划的落差。

## 二、青年创业团队在自身道德敏感性建设中的具体策略

### (一)提升道德领导

道德领导(Ethical Leadership)指的是具备高尚的道德、修养及魅力,引领组织成员,以促使组织成员成为追随者,透过领导者伦理行为的实践唤起被领导者的正义感、责任感,以激励其工作,达成组织目标。2005年,布朗(Brown)等学者等从四个维度对道德领导进行了界定,分别是以人为本、具备道德意识、制定伦理标准和透明的决策风格。我国学者黄静、文胜雄(2016)在文献梳理中发现中西方的道德领导存在着一定的差异,主要体现在以下几个方面。(1)领导方式定义的差异。西方学者在定义上更加强调领导者对员工的影响,认为领导者引导着员工的道德行为。而国内的学者在定义上更加强调领导者对自身道德行为的约束,这也与我国"修身、齐家、治国、平天下"的文化传统相符合(黄亮等,2015)。(2)内涵上有所差异。西方学者认为道德领导可以分为领导者的道德素养和领导者的领导方式两个方面,国内学者认为道德领导也承担着对社会的道德责任。(3)道德领导的影响力有所不同。西方学者主要探究了道德领导对企业内部的影响,国内学者认为,除了企业内部,道德领导也会对消费者和社会的发展产生影响。

卡梅利(Carmeli,2013)等学者研究发现,在组织中领导者的领导风格对下属的行为有着重要的影响。道德型领导会激发各种利他型的道德行为,抑制不道德的行为。道德型领导不仅具有良好的道德品质,他们的道德成熟度也较高(Brown,2006)。道德领导包含道德的人与道德的管理者两个方面,道德的人表示团队领导者本人具有良好的个人品质,比如诚实、正直、利他等。道德的管理者可以在工作中通过与下属的互动,鼓励下属的道德行为(徐世勇等,2017),从而在创业团队内部引导

道德氛围。研究发现，在工作中，员工会将注意力集中在团队领导者身上，希望从领导者身上获得一些线索（Boekhorst&Janet，2015）。

青年创业团队要践行道德敏感性建设，首先创业团队领导者要以身作则，不断提升自己的道德修养，成为道德型领导，从而为员工树立更好的道德榜样。与此同时，领导者也要与员工沟通道德标准，提高员工的道德修养和道德成熟度。

优秀的创业团队领导者应该具有以下道德品质：（1）承担责任。优秀的创业团队领导者不把企业的盈利作为唯一目的，他们更注重企业履行的社会责任。履行企业的社会责任虽然会暂时消耗公司资源，但是长远来讲，履行企业的社会责任不但不会影响公司的绩效，反而会因此得到各利益相关者的支持（Bai&Chang，2015），促进创业企业的发展和壮大。（2）诚实守信。如果创业企业的领导者没有信用，企业可能将无法长期生存和发展。诚信是一个优秀创业者必须具备的道德品质。在企业的管理中，诚实守信的领导者才可以使得团队成员信服。（3）廉洁自律并能引导提升团队的道德氛围。创业团队领导者首先自身要有较强的道德意识，用"四自"来规范自己的言行，即自重、自省、自警和自励（于建飞等，2015）。创业团队领导者不仅对自我有足够的约束，能严守道德底线，还需要有意识地引导和提升团队的道德氛围，使企业拥有良好的纪律氛围。

（二）坚守原则，明确企业文化

企业文化的核心是以人为本，讲究尊重人、理解人和关心人（董旭，2003）。人在正义公平的社会环境中能社会互动行为更加积极，有利于自身发展（Mikula&Gerold，1980）。创业团队的企业道德培养需要避免短视行为，创造公平、平等和愉悦的企业文化氛围，引导团队成员形成互动互通的工作情境，建立和维护良好的内部氛围，形成强烈的团队凝聚力。

1. 提升团队内部道德氛围

组织中道德氛围会影响员工的道德压力，对员工的择业有重大影响。

扎赫拉（Zahra，2009）等学者研究表明相比于高薪，78%的员工选择道德水平更高的公司，以减少个人陷入更多道德困境的可能。员工个体与领导的道德观念契合会减少自身的道德压力（Ambrose et al.，2008）。创业团队初期的成员常常以"朋友"身份聚集，正是因为彼此价值观的契合和对彼此道德素质水平的认可。因此，要注重提升团队内部的道德氛围，明确团队所要坚守的职业道德原则：（1）明确团队定位，坚持服务标准。创业团队的成立有很多巧合和机遇，为避免发展中面临的困境，应在团队初期就明确团队定位，如商业价值导向、文化传承导向、非营利性公益组织等，并坚持保证对客户群体的服务标准。这样能够避免团队在面临不同发展机会时难以做出决断，更能坚守自身特色，走向长远发展。（2）树立规则意识，遵守工作制度。创业团队在成立初期时，就应树立规则意识，遵守各项工作制度，包括内部制度以及对外的合作工作制度。（3）持续开展职业道德教育。职业道德教育不是一蹴而就，是一个长期、连续的教育过程（米娜等，2013），与创业团队的发展阶段应该紧密相连。例如青年创业团队在发展阶段更容易急于寻求扩大客户源，提升自身市场份额，职业道德意识减弱，在不同时期需要不断对职业道德教育注入新思想、新角度，还可以将职业道德教育与技能培养和法制制度学习相结合。

2. 提高团队道德标准，细化价值观

良好的企业文化应包含道德标准，创业团队应对企业文化建设工作进行目标的明确划分，提高道德标准，融合企业目标，以短期目标与长期目标相结合的形式，以上下一致的价值观念、教育和引导团队成员的思想和行为，不断积累推进企业文化建设工作，使成员自觉参与到企业文化建设当中，以强烈的责任感、使命感和紧迫感形成建设合力（冯林彬，2019）。李桂荣和刁惠悦（2014）在研究中发现，从国际企业发展来看，道德追求高，实现的成就也就越大。

此外，创业团队的价值观应该尽可能细化，方便团队成员在实践中真正执行，并能够不断进行调整修正，避免"假、大、空"。在团队内部明确不道德事件的具体行为，并制定道德制度和规范，以及违反相应制度规范的处罚措施。创业团队在成员扩充的过程中面临着文化稀释，简单的一次或几次入职培训不可能将新成员对团队价值观的理解拉至同一水平，对工作中面临的具体情境进行细化才能贯彻执行企业的价值观。例如在设计行业，业内普遍认同支持原创的价值观，在创业团队中明确支持原创，坚决抵制抄袭，并对抄袭后果做出严正说明的和简单地告诉成员支持原创的效果是完全不同的。

（三）建立团队道德管理机制

创业团队成立之初，能力、人脉、资源等优势决定着一个人能否加入这个团队。但长远来看，这些优势的基础仍是道德，创业团队做好道德管理，能够帮助团队成员更加协调一致地前进，价值观念、文化品位、气质个性等内容更好地相容，发展道路走得更加顺利。

1. 人事制度中加入道德考核

（1）开放式面试问题

以往研究发现，和个体行为有关的开放式面试问题是衡量道德品质的有效途径。比如说犯错问题和两难问题（Laura& 沈建苗，2018）。（1）犯错问题。例如："你在以往工作中有过什么样的失误。在失误之后，你的感受是怎样的。你有试图采取一些行动弥补你的失误吗？经过这件事情，你有什么收获？"诸如此类的问题可以测试出一个人的责任心，责任心是一个企业中很重要的道德品质。责任心强的人不愿意让自己和其他人失望，会为目标付出更多的努力。相比之下，责任心弱的人可能不够勤奋，在做事情的时候可能不够认真、容易偷懒。（2）两难问题。例如："你在以往的工作中，是否遇到过难以做决定的情境？在做决定时你有哪些考虑？当时的困惑你最终是如何解决的？"诸如此类的问题可以揭示个体的内疚感。张琨（2014）等学者研究发现，当个体意识到自己的行为会违背道德或者伤害别人，并且需要对此负责时，会产生内疚感。对事件感到负有责任是内疚的基础。具有较强内疚感的个体更容易考虑到别人的处境和感受，懂得站在别人的角度上思考问题，他们在做事情时更加遵守道德准则。而具有较低内疚感的个体，更多地考虑自身的利益，他们在做事情时可能不会受到道德准则的约束。

道德水平高的个体在回答的过程中给人的印象更为谦逊，而道德水平相对较低的个体给人呈现的印象可能是有点夸张或者以自我为中心。

（2）历史追溯式考察

一个人的真实德行如何，只看今天是看不清的，但如果考察他的过去，就会发现许多真实的道德行为会在其过去的人生中留下轨迹。因此，对于道德的考察，除了可以通过日常考核和年度考核等手段对"现实情况"进行考核外，还可以对其进行历史追溯式考察（高国舫，2017）。一方面，可以联系员工之前的单位，了解其以往的德性情况。另一方面，可以获取员工过去的奖惩记录，包含上学读书期间和工作期间。但是，如果对于新入职的员工，这种追溯式考察信息获取较为困难，可能难以获取足够的有效信息。

（3）工作中的道德考核

在创业团队内部，需要明确不道德事件的具体行为，并制定道德制度和规范。在工作期间，可以设置具体任务来考察员工的道德水平。若团队成员严重违反了公司的道德制度和规范，可以视情况决定该成员的去留。

2. 清晰划分团队结构与职能

创业工作中很多道德困境与发展桎梏都是内部职责划分不清导致的，创业团队可能是由几个各有所长的成员组成，很多团队在初创期保持着这个工作谁更擅长谁来做，大家都可以做的工作就共同分担，这其实很不利于团队的管理，也更容易让成员内心产生冲突。

因此，创业团队一定要有明确的结构划分，有明确的带头人和核心成员，有专人负责团队的管理事务，对于一些只在团队中负责简单项目或短期合作的成员应有不同的管理。团队规模较小时，难免出现一人承担多个职责的情况，但不同的职责、权利和义务也应有说明，当需要承担风险或损失时能够明确责任。

3. 行业内公平竞争

公平竞争原则是指各个竞争者在同一市场条件下共同接受价值规律和优胜劣汰的作用与评判，并各自独立承担竞争的结果（源自百度百科）。同一市场内创业团队想要获得更大更长远的影响力和收益，要通过公平竞争的手段，不要在"灰色地带"进行商业行为。

（四）树立以人为本理念

1. 关心爱护团队成员

对员工的爱护能够集中体现出一个团队、企业的道德责任精神。创业团队的核心是人，正是组成这个团队人员的独一无二才是创业团队最宝贵的资源，在生产经营活动中起着决定性的作用。所以，应该加强成员之间精神上、价值观上的紧密联系，促进团队领导与成员间的沟通交流，营造充满爱的文化氛围。在日常生产经营过程中，真正做到关心、爱护、尊重每一位成员。

2. 真诚对待消费者

诚信是企业的生存之本和竞争力之源，是最宝贵的无形资产。创业团队大都抱有与传统行业不同的经营理念，若想获得稳定的市场份额，必须把握好对待消费者的态度，树立诚信理念，真诚不欺、信守合约，真心实意对待消费者。制定和实施质量管理、营销管理、价格管理以及售后服务等规章制度，为消费提供安全可靠的产品与服务。这是创业团队对消费者的必须承担的道德责任。

3. 积极维护社会公众的权益

当今中国存在大批创业团队，这得益于国内良好的市场环境和社会公众的支持与认可，同时也是顺应了市场发展的趋势。创业团队积极维护社会公众的权益体现了社会对企业的本质要求和企业道德文化的理性精神。美国福特汉姆大学的米格尔认为，如果我们处在一个可以避免或减轻很大的危害且对我们没有太大成本的特殊情景下，我们有责任提供帮助。因此，企业应该按照能力原则承担起对社会公众的道德责任。

社会主义企业的本质决定了企业生产经营活动的目的，不仅是为了实现企业自身和股东的利益最大化，而且还必须服从社会发展的总体要求，必须与社会经济发展的总体目的和社会公众的长远利益相一致（魏新强，2015）。从企业自身的长远发展看，企业积极维护社会公众的利益，表面上看似乎是增加了企业的成本，但在实际效果上却有利于形成企业生产经营的良好社会环境，从而有利于企业的后继发展和自身利润的最大化。例如，企业为维护社会公众利益而研发节能产品，减少产品能耗和对资源与环境的破坏，可以有效地将社会公众转化为本企业的消费者。可见，企业追求利润最大化必须以道义为本。企业如果为一己私利，根本不考虑社会公众的利益，那么企业就不可能持久生存。

## 第三节 学校在道德敏感性建设中的具体策略

青年创业团队群体中有相当一部分从大学时就已经组建团队，加上高校环境本身鼓励大学生自主创业，毕业后直接走上创业道路或加入创业公司的学生不在少数。因此在学校环境中对学生的相关道德观念进行引导和教育是非常有必要的。

### 一、对学生道德的规范和引导

（一）规范日常道德

个体的道德并不是一下子形成的，而是持续发展的，伴随着自我同一性的形成、个体人格的发展、文化的塑造和价值认同这些过程。创业团队的道德敏感性虽然是指在创业的特定情境中，但也与其学习生活中的道德敏感性息息相关，规范大学生的日常道德可以促进其在后期创业过程中的道德敏感性良好发展。

对学生的日常道德进行规范，高校可以开展以下几点工作：（1）定期对学生开展道德教育。大学校园是很多人正式走向社会工作之前的最后一站，高校会开展职业生涯规划教育，职业道德教育也应同步跟上。形式上可采取开设课程讲授，通过校报、公众号等多种新媒体渠道进行普及，并通过辩论比赛、征文、情景剧等活动促进学生的思考。（2）在学校开设对道德榜样的评选，鼓励学生向身边榜样学习，提升自身道德素质修养。（3）在学生的培养计划中制定道德管理方案。如可仿照征信系统制定大学生诚信档案，在保护学生隐私的情况下对学生的不道德行为进行约束。

## （二）规范高校的创业教育

目前，很多高校并未专门开设创业相关的课程，也没有创业相关的教师指导。也有很多高校虽然开设了创业相关的课程，但是负责创业指导的教师并非是专职教师，有可能是学校辅导员或者其他有相关学科的教师。在创业教育上，也很少有学校按照学生的专业类别进行针对性的创业教育（张秀峰，陈士勇，2017）。高校的创业教育本身就不足，创业的道德教育更是如此。

为了改善以上方面的问题，高校应该设置专门的创业指导课程，为有创业意向的大学生提供学习平台。同时，创业课程应该由专业的教师来授课，除了学校内部的教师外，还可以请学校外部的创业成功者给学生授课，实现理论知识和实践学习的结合。在创业教学的内容设计中，应该紧跟时代的发展，可以通过当下的热点道德问题的探究和讨论，促进学生对创业道德的认识。针对不同行业的创业教育，应该选取该行业的道德情境进行学习和讨论，将创业道德学习具体化。除此之外，还应学习创业过程中可能用到的基本法律法规，加入创业道德这一重要指标对创业学习成果进行考核。

### 二、增加情境体验教育

正如俗话说"百闻不如一见",学校在开展道德教育的过程中多采用情境体验方式,能够促进学生的自我觉察,提高道德领导力,有效提升学生的解决问题的能力和道德素养(邵广侠,2004)。

根据情境理论,知识和体验都是个体与社会环境交互中构建出来的(Grych&Fincham,1990)。领导是一种存在于社会情境中的人与人之间的关系,领导力是针对特定的情景而言的。创业团队的领导相当于一个特定活动群体的领导,其领导者的特征是什么取决于具体的情况。这就更能体现出情景体验教育在推动道德敏感性发展方面的优势。情境体验教育是一种感性的教育方式,是培养受教育者学会用心灵去体验事物的一种能力,并在体验中实现身心和谐发展。体验在道德教育过程各环节中价值主要有三个方面,即道德认知的催化剂、主体情感的生长剂、道德信念的稳定剂(马斯洛,1987)。这种体验是一种带有价值判断关系的融通性体验,包含着相应的情感、规则、意志、理想等因素,形成一个整体的体验,可以形成并巩固道德规则意识、道德责任意识和道德目标意识(马宁,2016)。

因此,情境体验教育能够让学生在情境中锻炼、检验其知、情、意、信、行,收获态度体验,是提升道德素养的有效途径。

## 第四节　社会在道德敏感性建设中的具体策略

### 一、利用媒体与公众社会舆论

媒体与公众能够为创业团队宣传,维护其正面形象,同时也能起到监督作用。因此，利用新闻媒体、社会公众等社会力量能够对创业团队的道德敏感性建设起到重要作用。

## （一）发挥新闻媒体的积极引导作用

新闻媒体可以通过自身的声誉和社会公信力，向企业、员工、消费者和社会公众灌输企业道德责任规范和基本价值理念。充分发挥新闻媒体的导向功能，将会使企业、员工、消费者和社会公众等充分了解创业团队经营行为是否符合企业道德责任规范和基本价值理念，从而对企业履行道德责任状况做出正确的评价和判断，最终形成有利于推动创业团队道德建设的社会舆论环境和氛围。

同行，新闻媒体应对创业团队承担社会责任进行积极宣传，如文化产业的创业团队所从事有关传统文化传承的业务，互联网产业的创业团队利用自身数据平台优势参与扶贫、寻人等社会公益活动。对这些承担道德责任，主动维护员工、消费者和社会公众权益的创业团队给予正面宣传和颂扬，能够促进创业团队道德责任的发展，在社会上树立良好风气。

## （二）发挥新闻媒体和社会公众的监督作用

创业团队以自身独有的姿态进入市场，在初创期和发展期为了维系团队发展，并适应市场，容易受到行业的"默许"规则影响。创业团队道德建设还需要发挥新闻媒体的舆论监督功能。新闻媒体要积极动员和组织社会各方力量起来，共同在涉及维护员工、消费者和社会公众权益的立法、宣传、维权等方面推动作用；对漠视道德责任的企业及时曝光并进行追踪报道，深刻揭露和批判其道德责任缺失问题，从而对这类企业构成强大的舆论压力，迫使其改正失德行为。社会公众的舆论有助于发现和披露企业的道德问题，以及可以更好地推动和监督企业履行道德责任。

## 二、发挥非政府组织的监督作用

### (一) 发挥行业协会的监督作用

成熟发达的行业协会商会体系不仅是我国现代社会组织体系的重要组成部分,而且也是转变政府职能、发挥市场决定性作用的社会组织基础(郁建兴等,2014)。

行业内创业团队的不断涌现代表着行业的新生血液,并有可能成为行业后续发展的风向标,提高本行业内企业的道德软实力,促进本行业内企业的健康发展。行业协会有义务肩负起推动本行业内企业道德责任建设的任务,有责任成为推动本行业内企业履行道德责任的重要力量(魏新强,2016)。行业协会可制定符合行业特点的行业道德责任规范,协助国家和政府制定和实施关于企业道德责任方面的行政法规,严格监督本行业内企业的产品和服务质量、经营作风,推动本行业内企业公平竞争,打击本行业内企业的违法、违规行为,维护本行业信誉,促进企业道德建设工作。

### (二) 发挥消费者协会的监督作用

创业团队有不同的发展阶段,也可能难以发展为成熟的企业,但创业团队一旦产生就一定有客户受众,有消费者的存在。消费者协会作为维护消费者合法权益和科学合理引导消费者消费行为的社会组织,对于企业的合法经营能够起到有力的监督作用。

### (三) 发挥环境保护协会的监督作用

在我国致力于建设社会主义生态文明的今天,任何创业团队都应承担保护自然环境的社会责任,企业应该为其产生的环境负面影响承担责任,从公众形象和长远利益发展来看,企业应从初期就树立良好的环境责任意识(龚蕾,2009)。环境保护协会是敦促企业履行道德责任,有效保护自然环境的一支重要力量，对于制造类、食品类、服饰类等与自然资源息息相关的行业尤甚。

## 第五节 政府在道德敏感性建设中的具体策略

### 一、建立道德建设管理体系

（一）政府可建立企业道德建设管理机构

企业道德的建设应该遵循系统化管理的原则，可以借鉴国外的经验，建立专门的企业道德建设管理机构。比如在各级政府或行业协会中成立专门的企业道德建设管理机构，逐步完善系统化、规范化的管理规定。各级企业道德建设管理机构对所在区域的企业进行统一的管理指导和监督，将企业道德建设作为企业考核的指标之一。

（2）参与制定企业道德建设指导原则

各级企业道德建设管理机构在对企业进行统一规范管理的基础上，进一步制定出科学、合理的企业道德建设的指导原则和办法，对企业应该承担什么样的道德责任有一个总体性的指导，并提供较为积极宽广的行业前景，营造轻松的行业氛围。

### 二、加大对企业道德的监督管理

（一）加强对企业道德责任缺失行为的惩罚力度

政府及其制定的政策的保护、法律法规的支撑是企业诚信得以实现的重要条件。一方面强调政府诚信，要实现政府职能道德化，并以此影响和指导企业诚信度的加强。另一方面，要以政府权力及其具体措施保护和推动企业诚信措施的落实和诚信目标的实现（王小锡，2013）。

政府通过法律法规和公共政策对企业恶劣道德行为进行惩罚，使企业在声誉和利益上受到相应的损失，从而分辨是非善恶、抑制道德风险，进而做出合社会整体利益的道德行为选择。首先，对待企业不道德行为惩罚态度坚决，必要时要清理出市场。其次，严控市场准入关。政府相关部门要对准备进入市场的创业团队进行严格的道德责任能力认证，把企业道德作为企业的市场准入的考核指标。

（二）开展企业道德建设效果评估

企业道德的建设必须要有严格的评估，评估不仅影响到行为主体的直接利益，而且渗透到行为主体情感体验与声誉，这对于推动企业自觉履行道德责任将产生巨大的推动作用。因此政府启动道德建设评估活动对企业道德建设具有积极意义。政府企业道德建设管理部门必须把企业道德建设作为企业的日常管理指标，定期定时严格考核，督促企业严格履行道德建设指导原则，避免不道德行为的出现，促进公平竞争，维护行业内健康发展。

（三）开展企业道德建设宣传与培训

各级政府企业道德建设管理部门应积极开展企业道德建设和法律的宣传和培训，根据指导原则制定一系列的培训计划，并要求企业积极配合进行。通过政府的有序引导，不但可以更好地督促企业加强企业自身道德建设，也可以更好地增强企业以及员工的道德责任意识，逐渐在企业中形成良好的企业道德建设氛围，进而真正地促进企业的良性发展。

# 主要参考文献

［1］阿马蒂亚·森. 伦理学与经济学［M］. 王宇, 王文玉, 译. 北京: 商务印书馆, 2000: 10.

［2］安冬. 中学生道德敏感性与道德推脱的关系及其干预研究［D］. 河北师范大学, 2015.

［3］陈晓暾, 熊娟, 武盼飞. 基于层次分析法的企业内部创业团队绩效考核体系设计［J］. 经营与管理, 2017（06）: 40-42.

［4］蔡莉, 朱秀梅, 刘预. 创业导向对新企业资源获取的影响研究［J］. 科学学研究, 2011, 29（4）: 601-609.

［5］辞海编辑委员会. 辞海［Z］. 上海: 上海辞书出版社, 2002.

［6］邓丽芳, 谢凌琳, 暴占光, 叶淑云. 道德敏感对企业绩效的影响机制探析［J］. 心理学进展, 2014, 4（1）: 956-962.

［7］董旭. 深化企业文化建设之浅见［J］. 河北金融, 2003（07）: 49.

［8］杜晓君, 刘赫. 基于扎根理论的中国企业海外并购关键风险的识别研究［J］. 管理评论, 2012, 24（4）: 18-27.

［9］段庆芳. 探索道德直觉早期加工机制的 ERP 研究［D］. 杭州师范大学, 2015.

［10］方荡. 基于企业与债权人伦理道德的温州企业破产现象的分析［J］. 企业导报, 2012（04）: 249.

［11］冯林杉. 企业文化建设中存在的问题及对策探究［J］. 中外企

业家, 2019 (31): 114.

[12] 高国舫. 干部道德考评方法的完善 [J]. 长白学刊, 2017 (05): 17-24.

[13] 葛云月. 培育企业员工道德行为, 践行社会主义核心价值观——基于人力资源管理方法的分析进路. 中小企业管理与科技 (下旬刊) [J], 2014, (6): 21-22.

[14] 龚蕾. 日本环境政策对我国企业环境行为的启示 [J]. 煤炭经济研究, 2009, 0 (12): 20-22.

[15] 郭蓉, 余宇新. 创业阶段差异与创业环境认知差异关系的实证研究 [J]. 科技进步与对策, 2011 (12): 6-9.

[16] 胡钦. 重构大学生诚信教育机制 [J]. 道德与文明, 2003, (1).

[17] 胡望斌, 张玉利. 新企业创业导向转化为绩效的新企业能力: 理论模型与中国实证研究 [J]. 南开管理评论, 2011, 14 (01): 83-95.

[18] 黄海燕. 浅析创业团队的组建 [J]. 商场现代化, 2008 (09): 65-66.

[19] 黄渐. 基于BSC的企业内部创业绩效评价指标体系设计 [J]. 广西质量监督导报, 2019 (1): 31-33.

[20] 黄静, 文胜雄. 道德领导的本土化研究综述与展望 [J]. 中国人力资源开发, 2016, 0 (3): 12-18.

[21] 黄亮, 彭璧玉. 工作幸福感对员工创新绩效的影响机制——一个多层次被调节的中介模型 [J]. 南开管理评论, 2015, 18 (02): 15-29.

[22] 贾建锋, 赵希男, 于秀凤, 王国锋. 创业导向有助于提升企业绩效吗——基于创业导向型企业高管胜任特征的中介效应 [J]. 南开管理评论, 2013, 16 (02): 47-56.

[23] 姜娜. 绩效考核、组织道德氛围和舞弊 [D]. 南京理工大学, 2018.

[24] 彼得·杜拉克. 彼得·杜拉克读本 (修订2版) [M]. 北京:

时事出版社, 2003.

[25] 李恩平, 周晓芝. 中小型科技创业企业风险投资绩效评价指标体系研究 [J]. 商业研究, 2013 (05): 131-138.

[26] 李桂荣, 刁惠悦. 提高企业的道德文化水平 [J]. 企业文明, 2014, 0 (2): 49-51.

[27] 李晓明, 傅小兰, 王新超. 主观道德强度对企业道德决策的预测作用 [J]. 心理科学, 2008 (02): 479-482.

[28] 李耀珠. 我国青年创业态势及成功创业对策研究. 中国青年研究 [J], 2007, 6: 33-36.

[29] 李雨晴. 不同道德情境中诱发情绪对道德判断的影响 [D]. 海南: 海南师范大学, 2018.

[30] 李志刚, 李国柱. 农业资源型企业技术突破式高成长及其相关理论研究——基于宁夏红公司的扎根方法分析 [J]. 科学管理研究, 2008, 26 (3): 111-115.

[31] 林崇德. 品德发展心理学 [M]. 上海教育出版社, 1989.

[32] 林军. 美国企业的社会责任及对我国的启示 [J]. 经济管理, 2004 (1): 85-88.

[33] 刘红叶. 企业伦理概论 [M]. 北京: 经济管理出版社, 2007.

[34] 刘文娟, 倪跃峰. 中国直销渠道中道德强度对代理商伦理决策的影响 [J]. 辽东学院学报 (社会科学版), 2015, 17 (01): 92-98.

[35] 马克斯·韦伯. 新教伦理与资本主义精神 [M]. 阎克文, 译. 上海: 上海人民出版社, 2010: 188.

[36] 马力, 齐善鸿. 西方企业社会责任实践 [J]. 企业管理, 2005 (2): 108-109.

[37] 马宁. 道德领导力的内涵及提升路径 [J]. 广西教育学院学报, 2016, 0 (5): 31-35.

[38] 马斯洛. 人的潜能与价值 [M]. 林方, 译. 北京: 华夏出版社, 1987: 367.

[39] 米娜, 牛晓艳. 浅谈职业道德教育在就业质量提升中的重要作用 [J]. 科技致富向导, 2013 (6): 7.

[40] 齐善鸿, 曹振杰. 道本管理论: 中西方管理哲学融和的视角. 管理学报 [J], 2009, 6 (10): 1279-1290.

[41] 任强, 郑信军. 心理学视角下的道德敏感与道德宽容 [J]. 浙江社会科学, 2015 (11): 85-89, 20, 158.

[42] 邵广侠. 体验: 解决德育实效性问题的关键 [J]. 黑龙江高教研究, 2004, 0 (1): 70-71.

[43] 沈超红, 罗亮. 创业成功关键因素与创业绩效指标研究 [J]. 中南大学学报 (社会科学版), 2006, 12 (02): 231-235.

[44] 沈超红, 王重鸣. 敏捷性与创业绩效关系的边界条件研究 [J]. 中南大学学报 (社会科学版), 2008 (06): 62-70.

[45] 申俊喜. 管理与伦理结合: 现代企业管理的新趋势 [J]. 科学管理研究, 2001 (4): 34-38.

[46] 斯蒂芬·杨. 道德资本主义 [M]. 余彬, 译. 上海: 上海三联书店, 2010: 69.

[47] 苏晓华, 陈嘉茵, 张书军, 彭海东. 求财还是求乐?——创业动机、决策逻辑与创业绩效关系的探索式研究 [J]. 科学学与科学技术管理, 2018 (2): 116-129.

[48] 孙丽姗. 成熟期中小企业治理模式的构建与完善 [J]. 企业导报, 2012 (18): 70-101.

[49] 唐代兴. 公正伦理与制度道德 [M]. 北京: 人民出版社, 2003.

[50] 田学红, 杨群, 张德玄, 张烨. 道德直觉加工机制的理论构想 [J]. 心理科学进展, 2011, 19 (10): 1426-1433.

[51] 涂乙冬, 陆欣欣, 郭玮等. 道德型领导者得到了什么? 道德型领导, 团队平均领导? 部属交换及领导者收益 [J]. 心理学报, 2014, 46 (9): 1378-1391.

[52] 万国玲. 试论企业道德对企业竞争力的影响. 民营科技 [J], 2014, (9): 281-282.

[53] 王端旭. 民营科技型企业创业团队散伙现象成因分析 [J]. 科学学与科学技术管理, 2005, 26 (4): 137-140.

[54] 王觅泉, 姚新中. 理性主义道德心理学批判——乔纳森·海特与社会直觉主义 [J]. 学术交流, 2018 (11): 38-45.

[55] 王小锡. 当代中国企业道德现状及其发展策略分析 [J]. 社会科学战线, 2013, 0 (2): 230-238.

[56] 王悦, 龚园超, 李莹. 不道德传染的心理机制及其影响 [J]. 心理科学进展, 2019, 27 (04): 700-710.

[57] 魏新强. 国外企业道德责任研究评述 [J]. 西安电子科技大学学报: 社会科学版, 2013, 23 (6): 1-6.

[58] 魏新强. 基于马克思主义人本观的企业道德责任研究 [M]. 中国社会科学出版社, 2016.

[59] 魏新强. 中国传统商德的三重向度及其当代传承 [J]. 唐山学院学报, 2015, 28 (02): 8-41.

[60] 伍文生. 软件企业初创期企业文化建设的探讨 [J]. 中小企业管理与科技 (下旬刊), 2014 (11): 14-15.

[61] 肖前国, 朱毅, 何华敏. 道德直觉分析: 内涵、形成机制与加工判断机制 [J]. 心理科学, 2014, 37 (06): 1473-1477.

[62] 谢光华, 王贤. 植入"道德敏感性因素"对道德风险的抑制——道德伦理的委托代理关系. 求索 [J], 2013, 11: 111-113.

[63] 徐建平, 张厚粲. 质性研究中编码者信度的多种方法考察 [J]. 心理科学, 2005, 28 (6): 1430-1432.

[64] 徐世勇, 朱金强. 道德领导与亲社会违规行为: 双中介模型 [J]. 心理学报, 2017, 49 (01): 106-115.

[65] 徐再起, 王劲. 企业经营伦理: 美国的实践与我国的现状及思考 [J]. 安徽广播电视大学学报, 2000 (2): 12-16.

[66] 徐子连. 青年道德建设与增强国家软实力研究 [J]. 中国青年研究, 2013, (1): 106-109.

[67] 杨林. 创业型企业高管团队垂直对差异与创业战略导向: 产业环境和企业所有制的调节效应 [J]. 南开管理评论, 2014, 17 (01): 134-144.

[68] 于建飞, 赵毅勇. 廉洁从业行为规范 [M]. 企业管理出版社, 2015.

[69] 郁建兴, 沈永东, 周俊. 从双重管理到合规性监管——全面深化改革时代行业协会商会监管体制的重构 [J]. 浙江大学学报（人文社会科学版）, 2014, 44 (4): 107-116.

[70] 张建卫, 刘玉新, 张丽红. 企业家道德人格的内涵解析与作用机制 [J]. 北京理工大学学报（社会科学版）, 2011, 13 (02): 38-42+48.

[71] 张琨, 方平, 姜媛, 于悦, 欧阳恒磊. 道德视野下的内疚 [J]. 心理科学进展, 2014, 0 (10): 1628-1636.

[72] 张娜. 保险营销员的商业道德敏感性 [D]. 北京科技大学, 2015.

[73] 张秀娥, 孙中博, 王冰. 创业团队异质性对创业绩效的影响——基于对七省市 264 家创业企业的调研分析 [J]. 华东经济管理, 2013 (07): 112-115.

[74] 张秀峰, 陈士勇. 大学生创新创业教育现状调查与思考——基于北京市 31 所高校的实证调查 [J]. 中国青年政治学院学报, 2017, 36 (3): 94-100.

[75] 张吟丰, 严琳, 唐蓉. 严查: 106 万只假口罩 [EB/OL]. 人民网, 2020-03-12.

[76] 张志聪, 李福浩, 叶一舵. 保险营销员商业道德敏感性与工作绩效的关系: 自我效能感的中介作用 [J]. 信阳师范学院学报（哲学社会科学版）, 2019, 39 (05): 55-60.

[77] 章丽厚, 宁宣熙. 基于生命周期理论的民营企业可持续发展研究 [J]. 企业经济, 2006 (09): 29-32.

[78] 赵成文. 道德人格及其社会功能初探 [J]. 社会科学, 1999 (07): 55-58.

[79] 赵立. 中小企业组织道德氛围及其对组织绩效的影响——基于浙江等省市的调查与分析 [J]. 浙江社会科学, 2011 (07): 135-144, 160.

[80] 赵立. 中小企业家的道德影响力: 理论与实证检验 [J]. 管理世界, 2012 (4): 183-185.

[81] 郑信军, 岑国桢. 道德敏感性的研究现状与展望 [J]. 心理科学进展, 2007 (01): 108-115.

[82] 郑信军. 道德敏感性 [D]. 上海: 上海师范大学, 2008.

[83] 郑信军. 道德敏感性——基于倾向于情境的视角 [D]. 上海师范大学, 2008.

[84] 周明建, 侍水生. 领导-成员交换差异与团队关系冲突: 道德型领导力的调节作用 [J]. 南开管理评论, 2013 16 (2), 26-35.

[85] 周亚越, 俞海山. 区域农村青年创业与创业文化的实证研究. 中国农村经济 [J], 2005, (8):

[86] 朱达俊. 中国重大环境案例回顾: 紫金矿业水污染案 [J]. 环境保护与循环经济, 2013, 033 (002): 28-31.

[87] 朱金瑞. 当代中国企业伦理模式研究 [M]. 合肥: 安徽大学出版社, 2011: 178. 2003 (1): 37-42.

[88] Ambrose M. L., Arnaud A., Schminke M. Individual Moral Development and Ethical Climate: The Influence of Person-Organization Fit on Job Attitudes [J]. Journal of Business Ethics, 2007, 77 (3): 323-333.

[89] Apsley D. K., Narvaez D. Moral Psychology at the Crossroads [J]. Character Psychology and Character Education, 2005: 18-35.

[90] Arend R. Ethics-focused dynamic capabilities: a small business

perspective [J]. Small Business Economics, 2013, 41 (1), 1-24.

[91] Babin B. J., Boles J. S. The Effects of Perceived Co-Worker Involvement and Supervisor Support on Service Provider Role Stress, Performance and Job Satisfaction [J]. Journal of Retailing, 1996, 72 (1): 57-75.

[92] Bai X., Chang J. Corporate social responsibility and firm performance: The mediating role of marketing competence and the moderating role of market environment [J]. Asia Pacific journal of management, 2015, 32 (2): 505-530.

[93] Baldacchino L., Ucbasaran D., Cabantous L., et al. Entrepreneurship Research on Intuition: A Critical Analysis and Research Agenda [J]. International Journal of Management Reviews, 2015, 17 (2): 212-231.

[94] Bateman C. R., Valentine S., Rittenburg T. Ethical decision making in a peer-to-peer file sharing situation: the role of moral absolutes and social consensus [J]. Journal of Business Ethics, 2013, 115 (2): 229-240.

[95] Bebeau M. J., Rest J. R., Yamoor C. M. Measuring dental students' ethical sensitivity [J]. Journal of Dental Education, 1985, 49: 225-235.

[96] Bhide A. The questions every entrepreneur must answer [J]. Harvard business review, 1996, 74 (6): 120-130.

[97] Boekhorst, Janet A.. The Role of Authentic Leadership in Fostering Workplace Inclusion: A Social Information Processing Perspective [J]. Human Resource Management, 2015, 54 (2): 241-264.

[98] Borman W. C. Expanding the Criterion Domain to Include Elements of Contextual Performance [J]. N. schmitt & W. c. borman Personnel Selection in Organizations, 1993: 71-98.

[99] Brabeck M. M., Rogers L A, Sirin S, et al. Increasing Ethical Sensitivity to Racial and Gender Intolerance in Schools: Development of the Racial Ethical Sensitivity Test [J]. Ethics & Behavior, 2000, 10 (2):

119 – 137.

[100] Bredemeier B. J., Shields D. L. Applied ethics and moral reasoning in sport [J]. Moral Development in the Professions Psychology & Applied Ethics, 1994: 177 – 184.

[101] Brown M. E. &Treviño L. K. Ethical leadership: a review and future directions. Leadership Quarterly, 2006, 17 (6): 595 – 616.

[102] Brown M. E., Trevino L. K., HARRISON D. A. Ethical leadership: A social learning perspective for construct development and testing [J]. Organizational Behavior & Human Decision Processes, 2005, 97 (2): 117 – 134.

[103] Briggs E., Jaramillo F., Weeks W. A. The Influences of Ethical Climate and Organization Identity Comparisons on Salespeople and their Job Performance [J]. Journal of Personal Selling & Sales Management, 2012, 32 (4), 421 – 436.

[104] Bryant P. Self – regulation and moral awareness among entrepreneurs [J]. Journal of Business Venturing, 2009, 24 (5): 505 – 518.

[105] Carpenter J., Williams T. Moral Hazard, Peer Monitoring, and Microcredit: Field Experimental Evidence from Paraguay [J]. Research Review, 2010, 13, 23 – 25.

[106] Carmeli A., Gelbard R., Reiter – Palmon R. Leadership, Creative Problem – Solving Capacity, and Creative Performance: The Importance of Knowledge Sharing [J]. Human Resource Management, 2013, 52 (1): 95 – 121.

[107] Carter A. DANIEL. MBA: the first century [M]. London: Lewisburg Bucknell University Press, 1998: 126.

[108] Cervone D., Shoda Y. The Coherence of Personality: Social – Cognitive Bases of Consistency, Variability and Organization [M]. New York: Guilford Press, 1999: 3 – 36.

[109] Chrisman J. J., Bauerschmidt A, Hofer C. W. The Determinants of New Venture Performance: An Extended Model [J]. Entrepreneurship Theory and Practice, 1998, 23 (1): 5-29.

[110] Chandler G. N., Hanks S. H., et al. An examination of the substitutability of founders human and financial capital in emerging business ventures [J]. Journal of Business Venturing, 1998, 13 (5): 353-369.

[111] Chau L. F., Siu W. S.. Ethical Decision-Making in Corporate Entrepreneurial Organizations [J]. Journal of Business Ethics, 2000, 23 (4): 365-375.

[112] Clarysse B., Moray N.. A process study of entrepreneurial team formation: the case of a research-based spin-off [J]. Journal of Business Venturing, 2004, 19 (1): 55-79.

[113] Clark J. MAURICE. The changing basis of economic responsibility [J]. Journal of Political Economy, 1916, 24 (3): 229.

[114] Clarkeburn H. A. Test for Ethical Sensitivity in Science [J]. Journal of Moral Education, 2002, 31 (4): 439-453.

[115] Covin J. G., Slevin D. P. & Schultz R. L.. Implementing strategic missions: effective strategic, structural and tactical choices [J]. Journal of Management studies, 1994, 31 (4): 481-505.

[116] Cronqvist A., Nystrom M.. A theoretical argumentation on the consequences of moral stress [J]. Journal of Nursing Management, 2007, 15 (4): 458-465.

[117] De clercq D., Dakhli M.. Personal strain and ethical standards of the self-employed [J]. Journal of Business Venturing, 2009, 24 (5): 477-490.

[118] DeConinck J. B.. The effects of ethical climate on organizational identification, supervisory trust, and turnover among salespeople [J]. Journal of Business Research, 2011, 64 (6): 617-624.

[119] Dees J. G., Starr J. A.. Entrepreneurship through an ethical lens: Dilemmas and issues for research and practice [M]. Wharton School of the University of Pennsylvania, Snider Entrepreneurial Center, 1990.

[120] Detienne K. B., Agle B., Phillips J., Ingerson M. C.. The Impact of Moral Stress Compared to Other Stressors on Employee Fatigue, Job Satisfaction, and Turnover: An Empirical Investigation [J]. Journal of Business Ethics, 2012, 110 (3): 377 – 391.

[121] Dew N., Sarasvathy S. D.. Innovations, stakeholders & entrepreneurship [J]. Journal of Business Ethics, 2007, 74 (3): 267 – 283

[122] Donovan J. J., Dwight S. A. & Schneider D.. The Impact of Applicant Faking on Selection Measures, Hiring Decisions, and Employee Performance [J]. Journal of Business & Psychology, 2014, 29 (3): 479 – 493.

[123] Drucker P. F.. Innovation and entrepreneurship – practice and principles [J]. Social Science Electronic Publishing, 1985, 4 (1): 85 – 86.

[124] Eisenbeiss S. A.. Re – thinking ethical leadership: An interdisciplinary integrative approach [J]. The Leadership Quarterly, 2012, 23 (5): 791 – 808.

[125] Elenurm T.. Entrepreneurial orientations of business students and entreprenurs [J]. Baltic Journal of Management, 2012, 7 (2): 217 – 231.

[126] Elsie C., Ameen, Daryl M. Guffey, Jeffrey J. MCMILLAN. Gender Differences in Determining the Ethical Sensitivity of Future Accounting Professionals [J]. Journal of Business Ethics, 1995, 15 (5): 591 – 597.

[127] Erwin W. J.. Supervisor Moral Sensitivity [J]. Counselor Education & Supervision, 2000, 40 (2): 115 – 127.

[128] Eskine K. J., Novreske A., Richards M.. Moral contagion effects in everyday interpersonal encounters [J]. Journal of Experimental Social Psychology, 2013, 49 (5), 947 – 950.

[129] Fahri K., Emine S.. The Role of Leadership in Creating Virtuous

and Compassionate Organizations: Narratives of Benevolent Leadership in an Anatolian Tiger [J]. Journal of Business Ethics. 2013, 113 (4), 663 – 678.

[130] Fisher C. B., True G., Alexander L., Fried A. L.. Moral Stress, Moral Practice, and Ethical Climate in Community – Based Drug – Use Research: Views From the Front Line [J]. A Job Primary Research, 2013, 4 (3): 27 – 38.

[131] Frey B. F.. The impact of moral intensity on decision making in a business context [J]. Journal of Business Ethics, 2000, 26 (3): 181 – 195.

[132] Fuller T., Tian Y.. Social and symbolic capital and responsible entrepreneurship: An empirical investigation of SME narratives [J]. Journal of Business Ethics, 2006, 67, 287 – 304.

[133] Fu W., Deshpande S. P.. The Impact of Caring Climate, Job Satisfaction, and Organizational Commitment on Job Performance of Employees in a China's Insurance Company [J]. Journal of Business Ethics, 2014, 124 (2): 339 – 349.

[134] Gartner W. B.. A conceptual framework for describing the phenomenon of new venture creation [J]. Academy of management review, 1985, 10 (4): 696 – 706.

[135] Gino F., Ariely D.. The dark side of creativity: Original thinkers can be more dishonest [J]. Journal of Personality and Social Psychology, 2012, 102: 445 – 459.

[136] Gino F., Gu J., Zhong C. B.. Contagion or restitution? When bad apples can motivate ethical behavior [J]. Journal of Experimental Social Psychology, 2009, 45 (6): 1299 – 1302.

[137] Glaser B, Strauss A. L.. The Discovery of Grounded Theory: Strategies for Qualitative Research [J]. Nursing Research, 1968, 17 (4): 377 – 380.

[138] Grych J. H., Fincham F. D.. Marital conflict and children's

adjustment: A cognitive-contextual framework. [J]. Psychological Bulletin, 1990, 108 (2): 267-290.

[139] Guzzo R. A., Shea G. P.. Group Performance and Intergroup Relations in Organizations [J]. 1992. 3 (2nd edition.): 269-313.

[140] Had J. I., charalambous C. & Walsh L.. Ethnicity/Race and Gender Effects on Ethical Sensitivity in Four Sub-Cultures [J]. Journal Of Legal, Ethical & Regulatory Issues, 2012, 15 (1): 119-130.

[141] Hannafey F. T.. Entrepreneurship and ethics: A literature review [J]. journal of business ethics, 2003, 46 (2): 99-110.

[142] Haidt J.. The emotional dog and its rational tail: A social intuitionist approach to moral judgment [J]. Psychological Review, 2001, 108, 814-834.

[143] Haidt J.. The righteous mind: Why good people are divided by politics and religion [J]. New York: Pantheon Books, 2012.

[144] Harenski C. L., Hamann S.. Neural Correlates of Regulating Negative Emotions Related to Moral Violations [J]. NeuroImage, 2006, 30: 313-324.

[145] Harmeling S. S., Sarasvathy S. D., Freeman R. E.. Related debates in ethics and entrepreneurship: Values, opportunities, and contingency [J]. Journal of Business Ethics, 2009, 84 (3): 341-365.

[146] Harrington S. J.. A test of a person-issue contingent model of ethical decision-making in organizations [J]. Journal of Business Ethics, 1997, 16, 363-375.

[147] Hayes A. F.. Introduction to mediation, moderation, and conditional process analysis: A regression-based approach [M]. Guilford Press, 2013

[148] Holt D. H.. Entrepreneurship: New venture creation [M]. Prentice Hall, 1992.

[149] Hofstede G.. Culture's consequences: International differences in Work-Related Values [M]. London: SAGE Publications, 1980: 262-295.

[150] Hunt S D., Vitell S. J.. The General Theory of Marketing Ethics: A Retrospective and Revision [J]. Journal of Macromarketing, 1993: 775-784.

[151] Haidt J.. The emotional dog and its rational tail: a social intuitionist approach to moral judgment [J]. Psychology Review, 2001, 108 (4): 814-834.

[152] Hughes M., Morgan R. E.. Deconstructing the relationship between entrepreneurial orientation and business performance at the embryonic stage of firm growth [J]. Industrial Marketing Management, 2006, 36 (5): 651-661.

[153] Hughes M., Hughes P., Morgan R. E.. Exploitative learning and entrepreneurial orientation alignment in emerging young firms: implications for market and response performance [J]. British Journal of Management, 2007, 18 (4): 359-375.

[154] Jean G., Robin H.. The Mature Entrepreneur: A Narrative Approach to Entrepreneurial Goals [J]. Journal of Management Inquiry, 2010, 19 (1): 69-83.

[155] Jones T. M.. Ethical Decision Making by Individuals in Organizations: An Issue-Contingent Model [J]. Academy of Management Review, 1991, 16 (2): 366-395.

[156] Kaplan R. S., Norton D. P.. The balanced scorecard--measures that drive performance [J]. Harvard Business Review, 1992, 70 (1): 71-79.

[157] Kamm J. B., Shuman J. C., Seeger J. A., et al. Entrepreneurial Teams in New Venture Creation: A Research Agenda [J]. Entrepreneurship Theory & Practice, 1990, 14 (4): 7-17.

[158] Lechler T.. Social Interaction: a determinant of entrepreneurial team venture success [J]. Small Business Economics, 2001, 16 (4): 263 - 278.

[159] Longenecker J. G., Mckinney J. A., Moore C. W.. Egoism and independence: Entrepreneurial ethics [J]. Organizational Dynamics, 1988, 16 (3): 64 -72.

[160] Longenecker J. G.. Do smaller firms have higher ethics? [J]. business & society review, 1989.

[161] Liao J., Welsch H.. Roles of social capital in venture creation: Key dimensions and research implications [J]. Journal of Small Business Management, 2005, 43, 345 - 362.

[162] Lumpkin G. T., Dess G. G.. Clarifying the Entrepreneurial Orientation Construct and Linking it to Performance [J]. Academy of Management Review, 1996, 21 (1): 135 -172.

[163] Luria G., Yagil D. Procedural justice, ethical climate and service outcomes in restaurants [J]. International Journal of Hospitality Management, 2008, 27 (2): 276 -283.

[164] Lutzen K., Blom T., Ewalds - Kvist B, Winch S. Moral stress, moral climate and moral sensitivity among psychiatric professionals [J]. Nursing Ethics, 2010, 17 (2): 213 -224.

[165] May D. R., Pauli K. P.. The role of moral intensity in ethical decision making [J]. Business and Society, 2002, 41: 84 -117.

[166] Mikula, Gerold. Justice and Social Interaction: Experimental and Theoretical Contributions From Psychological Research [J]. Gigiena I Sanitariia, 1980, 29 (3): 284 - 297.

[167] Miller D.. The Correlates of Entrepreneurship in Three Types of Firms [J]. Management ence, 1983, 29 (7): 770 -791.

[168] Montiel - Campos H., Solé - Parellada F., Aguilar - Valenzuela

L. A. , Berbegal‐Mirabent J. , Duran‐Encalada J. A. . The Impact of Moral Awareness on the Entrepreneurial Orientation‐Performance Relationship in New Technology Based Firms [J]. Journal of Technology Management & Innovation, 2011, 6 (4): 93–105.

[169] Murphy G. B. , Trailer J. W. , Hill R. C. . Measuring performance in entrepreneurship research [J]. Journal of Business Research, 1996, 36 (1): 15–23.

[170] Pearce C. L. , Gallagher C. A. , Ensley M. D. . Confidence at the group level of analysis: A longitudinal investigation of the relationship between potency and team effectiveness [J]. Journal of Occupational & Organizational Psychology, 2002, 75 (1): 115–119.

[171] Radouche T. . The Status of Ethics in the Entrepreneurial Process [J]. International Journal of Business and Management, 2014, 9 (6): 199.

[172] Rest J. R. Moral Development: Advances in Research and Theory [M]. New York: Praeger, 1986.

[173] Reynolds S. J. , Owens B. P. , Rubenstein A. L. . Moral stress: Considering the nature and effects of managerial moral uncertainty [J]. Journal of Business Ethics, 2012, 106 (4): 491–502.

[174] Robertson C. , Blevins D. , Duffy T. . A Five‐Year Review, Update, and Assessment of Ethics and Governance in Strategic Management Journal [J]. Journal of Business Ethics, 2013, 117 (1), 85–91.

[175] Robert K. , Kazanjian. Relation of Dominant Problems to Stages of Growth in Technology‐Based New Ventures. , 1988, 31 (2): 257–279.

[176] Robin D. P. , Reidenbach R. E. , Forrest P. J. . The perceived importance of an ethical issue as an influence on the ethical decision‐making of ad managers [J]. Journal of Business Research, 1996, 35 (1): 17–28.

[177] Ronstadt, R. Entrepreneurship: text, cases and notes [M]. Lord Publishing, 1984.

[178] Sara A. Morris, Robert A. Mcdonald. The Role of Moral Intensity in Moral Judgments: An Empirical Investigation [J]. Journal of Business Ethics, 1995, 14 (9): 715 –726.

[179] Schein E. H.. The role of the founder in creating organizational culture [J]. Organizational dynamics, 1983, 12 (1): 13 –28.

[180] Schminke M., Ambrose M. L., Neubaum D. O.. The effect of leader moral development on ethical climate and employee attitudes. Organizational Behavior and Human Decision Processes, 2005, 97 (2): 135 – 151.

[181] Schneider B.. Organizational Climates: AN ESSAY [J]. personnel psychology, 1975, 28 (4): 447 –479.

[182] Schwartz M.. A code of ethics for corporate code of ethics [J]. Journal of Business Ethics. 2002, 41 (1 –2): 27 –43.

[183] Schwartz M. S.. A Code of Ethics for Corporate Code of Ethics [J]. Journal of Business Ethics, 2002, 41 (1 –2): 27 –43.

[184] Schmitt M., Gollwitzer M., Jürgen Maes, Arbach D.. Justice Sensitivity: Assessment and Location in the Personality Space [J]. European Journal of Psychological Assessment, 2005, 21 (3): 202 –211.

[185] Schwepker J., Charles H.. Research Note: The Relationship between Ethical Conflict, Organizational Commitment and Turnover Intentions in the Sales force [J]. Journal of Personal Selling and Sales Management, 1999, 19 (1): 43 –49.

[186] Shaub M. K., Finn D. W., Munter P.. The effects of auditors' ethical orientation on commitment and ethical sensitivity [J]. Behavioral Research in Accounting, 1993 (5): 145 –169.

[187] Shryack J., Steger M. F., Krueger R. F. & Kallie C. S.. The structure of virtue: An empirical investigation of the dimensionality of the virtues in action inventory of strengths. Personality and Individual Differences, 2010, 48 (6): 714 –719.

[188] Sibin Wu, Arpita, Joardar. The Effect of Cognition, Institutions, and Long Term Orientation on Entrepreneurial Ethical Behavior: China vs. U. S. [J]. Frontiers of Business Research in China, 2012 (4): 496 – 507.

[189] Simga – Mugan C., Daly B. A., Onkal D., et al. The influence of nationality and gender on ethical sensitivity: an application of the issue – contingent model [J]. Journal of Business Ethics, 2005, 57 (2): 139 – 159.

[190] Singhapakdi A, Rao C. P., Vitell S. J.. Ethical decision making: An investigation of services marketing professionals: JBE [J]. Journal of Business Ethics, 1996, 36 (3): 245 – 255.

[191] Stevenson H. H., Roberts M. J., Grousbeck H. I.. New business ventures and the entrepreneur [M]. Homewood, IL: Irwin, 1989.

[192] Stinchcombe A. L.. Social structure and organizations [J]. Handbook of organizations, 1965, 7: 142 – 193.

[193] Stuntz C. P., Weiss M. R.. Understanding social goal orientations, perceived approval, and unsportsmanlike play: Comparing variable – and person – centered approaches [J]. Journal of Sports& Exercise Psychology, 2005, 27: 149.

[194] Triki A.. Accountant's Ethical Sensitivity [D]. Brock: Brock University, 2012.

[195] Van Leeuwen F., Park J. H.. Perceptions of social dangers, moral foundations, and political orientation [J]. Personality and Individual Differences, 2009, 47: 169 – 173.

[196] Venkatraman N., Ramanujam V.. Measurement of Business Performance in Strategy Research: : A Comparison of Approaches [J]. Social Science Electronic Publishing, 1986, 11 (4): 801 – 814.

[197] Victor B., Cullen J. B.. A theory and measure of ethical climate in organizations. Research in Corporate Social Performance and Policy, 1987, 9: 51 – 71.

[198] Wang Y. D., Hsieh H. H.. Toward a better understanding of the link between ethical climate and job satisfaction: a multilevel analysis [J]. Journal of Business Ethics, 2011, 105 (4), 535 – 545.

[199] Weiss M. R., Stuntz C. P.. A little friendly competition: Peer relationships and psychosocial developments in youth sport and physical activity contexts [J]. In Weiss M R (Ed.), Development sport and exercise psychology: A lifespan perspective, 2004, 165 – 196. Morgantown, WV: Fitness Information Technology.

[200] Wesley J. E.. Supervisor Moral Sensitivity [J]. Counselor Education & Supervision, 2000, 40 (2): 115 – 127.

[201] Wikund J., Shepherd D.. Knowledge – based resources, entrepreneurial orientation, and the performance of small and medium – sized businesses [J]. Strategic Management Journal, 2003, 24 (13): 1307 – 1314.

[202] Wu S., Joardar A.. The Effect of Cognition, Institutions, and Long Term Orientation on Entrepreneurial Ethical Behavior: China vs. U. S. Frontiers of Business Research in China, 2012, 6 (4): 496 – 507.

[203] Zahra S. A., Covin J. G.. Contextual influences on the corporate entrepreneurship – performance relationship: A longitudinal analysis [J]. Journal of Business Venturing, 1995, 10 (1): 43 – 58.

[204] Zahra S. A., Neubaum D. O., Huse M.. Entrepreneurship in medium – size companies: exploring the effects of ownership and governance systems [J]. Journal of Management, 2000, 26 (5): 947 – 976.

[205] Zahra S. A., Gedajlovic E., Neubaum D. O., et al. A typology of social entrepreneurs: Motives, search processes and ethical challenges [J]. Journal of business venturing, 2009, 24 (5): 519 – 532.